本书受中南财经政法大学出版基金资助

会计师事务所关联、审计质量及其经济后果研究

刘继红 著

中国社会科学出版社

图书在版编目(CIP)数据

会计师事务所关联、审计质量及其经济后果研究 / 刘继红著. —北京：中国社会科学出版社，2019.5

（中南财经政法大学青年学术文库）

ISBN 978-7-5161-6694-9

Ⅰ.①会… Ⅱ.①刘… Ⅲ.①会计师事务所—研究—中国 Ⅳ.①F233.2

中国版本图书馆 CIP 数据核字（2015）第 166945 号

出 版 人	赵剑英
责任编辑	田 文
特约编辑	金 泓
责任校对	韩天炜
责任印制	王 超

出 版	中国社会科学出版社
社 址	北京鼓楼西大街甲 158 号
邮 编	100720
网 址	http://www.csspw.cn
发 行 部	010-84083685
门 市 部	010-84029450
经 销	新华书店及其他书店
印 刷	北京君升印刷有限公司
装 订	廊坊市广阳区广增装订厂
版 次	2019 年 5 月第 1 版
印 次	2019 年 5 月第 1 次印刷
开 本	710×1000 1/16
印 张	10.25
插 页	2
字 数	210 千字
定 价	59.00 元

凡购买中国社会科学出版社图书，如有质量问题请与本社营销中心联系调换
电话：010-84083683
版权所有 侵权必究

《中南财经政法大学青年学术文库》
编辑委员会

主　任：吴汉东
副主任：郭道扬　　杨灿明　　姚　莉
委　员：王金秀　　刘后振　　刘胜湘　　向书坚
　　　　朱新蓉　　许家林　　张新国　　李剑波
　　　　李道荣　　苏少之　　陈景良　　胡贤鑫
　　　　徐双敏　　曹新明　　黄志伟　　葛翔宇
　　　　董邦俊
主　编：杨灿明

总　序

　　一个没有思想活动和缺乏学术氛围的大学校园，哪怕它在物质上再美丽、再现代，在精神上也是荒凉和贫瘠的。欧洲历史上最早的大学就是源于学术。大学与学术的关联不仅体现在字面上，更重要的是，思想与学术，可谓大学的生命力与活力之源。

　　中南财经政法大学是一所学术气氛浓郁的财经政法高等学府。范文澜、嵇文甫、潘梓年、马哲民等一代学术宗师播撒的学术火种，五十多年来一代代薪火相传。在世纪之交，在合并组建新校而揭开学校发展新的历史篇章的时候，学校确立了"学术兴校，科研强校"的发展战略。这不仅是对学校五十多年学术文化与学术传统的历史性传承，而且是谱写新世纪学校发展新篇章的战略性手笔。

　　"学术兴校，科研强校"的"兴"与"强"，是奋斗目标，更是奋斗过程。我们是目的论与过程论的统一论者。我们将对宏伟目标的追求过程寓于脚踏实地的奋斗过程之中。由学校斥资资助出版《中南财经政法大学青年学术文库》，就是学校采取的具体举措之一。

　　本文库的指导思想或学术旨趣，首先，在于推出学术精品。通过资助出版学术精品，形成精品学术成果的园地，培育精品意识和精品氛围，提高学术成果的质量和水平，为繁荣国家财经、政法、管理以及人文科学研究，解决党和国家面临的重大经济、社会问题，作出我校应有的贡献。其次，培养学术队伍，特别是通过对一批处在"成长期"的中青年学术骨干的成果予以资助推出，促进学术梯队的建设，提高学术队伍的实力与水平。最后，培育学术特色。通过资助在学术思想、学术方法以及学术见解等方面有独到和创新之处的成果，培育科研特色，力争通过努力，形成有我校特色的学术流派与学术思想体系。因此，本文库重点面向中青年，重点面向精品,重点面向原创性学术专著。

春华秋实。让我们共同来精心耕种文库这块学术园地,让学术果实挂满枝头,让思想之花满园飘香。

2009 年 10 月

Preface

A university campus, if it holds no intellectual activities or possesses no academic atmosphere, no matter how physically beautiful or modern it is, it would be spiritually desolate and barren. In fact, the earliest historical European universities started from academic learning. The relationship between a university and the academic learning cannot just be interpreted literally, but more importantly, it should be set on the ideas and academic learning which are the so-called sources of the energy and vitality of all universities.

Zhongnan University of Economics and Law is a high education institution which enjoys rich academic atmosphere. Having the academic germs seeded by such great masters as Fanwenlan, Jiwenfu, Panzinian and Mazhemin, generations of scholars and students in this university have been sharing the favorable academic atmosphere and making their own contributions to it, especially during the past fifty-five years. As a result, at the beginning of the new century when a new historical new page is turned over with the combination of Zhongnan University of Finance and Economics and Zhongnan University of Politics and Law, the newly established university has set its developing strategy as "Making the University Prosperous with Academic Learning; Strengthening the University with Scientific Research", which is not only a historical inheritance of more than fifty years of academic culture and tradition, but also a strategic decision which is to lift our university onto a higher developing stage in the 21st century.

Our ultimate goal is to make the university prosperous and strong, even through our struggling process, in a greater sense. We tend to unify the destination and the process as to combine the pursuing process of our magnificent goal with the practical struggling process. The youth's Academic Library of Zhongnan University of Economics and Law, funded by the university, is one of our specific measures.

The guideline or academic theme of this library lies first at promoting the publishing of selected academic works. By funding them, an academic garden with high-quality fruits can come into being. We should also make great efforts to form the awareness and atmosphere of selected works and improve the quality and standard of our academic productions, so as to make our own contributions in developing such fields as finance, economics, politics, law and literate humanity, as well as in working out solutions for major economic and social problems facing our country and the Communist Party. Secondly, our aim is to form some academic teams, especially through funding the publishing of works of the middle-aged and young academic cadreman, to boost the construction of academic teams and enhance the strength and standard of our academic groups. Thirdly, we aim at making a specific academic field of our university. By funding those academic fruits which have some original or innovative points in their ideas, methods and views, we expect to engender our own characteristic in scientific research. Our final goal is to form an academic school and establish an academic idea system of our university through our efforts. Thus, this Library makes great emphases particularly on the middle-aged and young people, selected works, and original academic monographs.

Sowing seeds in the spring will lead to a prospective harvest in the autumn. Thus, let us get together to cultivate this academic garden and make it be opulent with academic fruits and intellectual flowers.

Wu Handong

内容提要

本书结合中国的制度背景,研究了会计师事务所关联关系如何影响审计任期(事务所任期)、审计质量、审计收费、应计和真实盈余管理股价同步性、以及税收,并区分事务所关联存在和不存在的情形下审计任期与审计质量的关系,得出了以下主要结论:

(1)公司层面的国有股权和高管个人层面的关联关系是影响审计独立性的两种关系形式。本书通过探讨国有股权、高管关联关系以及两者的交互作用对审计质量的影响,研究发现国有股权和高管关联关系能够提高公司收到标准意见的可能性,并且关联关系对非国有企业收到标准审计意见的影响比其对国有企业的影响更大。这说明国有股权和高管关联关系都会削弱审计独立性,并且与国有企业相比,高管关联关系对非国有企业来说更为重要。

(2)事务所关联关系的存在延长了审计任期,即存在事务所关联的公司比没有事务所关联的公司与事务所合作的时间更长。在有事务所关联的公司和没有事务所关联的公司中,审计任期与审计质量之间的关系不同,进而说明有事务所关联公司的审计质量并不取决于审计任期,而是由事务所关联本身的影响所造成的。

(3)会计师事务所关联公司的审计费用比没有关联的公司要显著的低,其原因是雇佣关联下被更换的"新"高管或回报关联下被更换的"新"会计师事务所与对方签订首次审计合约,导致了审计定价折扣。进一步的研究发现,在无关联关系情况下,获得非标准审计意见公司的审计费用较高,但是没有显著的证据表明会计师事务所关联影响了审计意见对审计费用的作用关系。

(4)本书考察了高管的"CPA工作背景"和"事务所关联"对公司盈余管理的影响。没有显著的证据显示CPA高管的经验、技能会显著地监督和限制公司的盈余管理行为;但是,"事务所关联"赋予了高管进行额外应计盈余管理的能力，能让审计师接受更高水平的应计盈余管理，使得公司面临的审计监管更为宽松，公司并未转向成本更高的真实盈余管理，而有更低水平的真实盈余管理。这些经验的结果表明，在类似于美国"萨班斯法案"前的制度环境下，CPA高管的工作技能和经验没能让公司受益，不仅在盈余管理方面没有发挥应有的监管作用，反而助长了公司的应计盈余管理。因此，中国的监管者应该借鉴美国"萨班斯法案"，加强对审计师"跳槽"行为的限制。

（5）公司聘请以前的审计师（CPA）出任高管，特别是聘请与会计师事务所存在关联关系的前任审计师，一直为实务界和学界所关注，这类CPA高管所起的作用也饱受争议。本书从股价同步性的角度，验证了高管的CPA工作经验和关联关系的作用。实证结果发现，高管的CPA工作经验，对公司的信息披露和高质量信息的生产具有帮助作用，有利于公司异质性信息的产生，并导致更低的股价同步性；相反，事务所关联降低了公司的信息质量，有碍异质性信息的产生，最终导致了更高的股价同步性。本书从公司高管团队构建的视角，揭示了决定股价同步性的特殊动因。

（6）本书还验证了关联和非关联审计师高管在公司税收管理方面的作用。证据显示，聘任"关联审计师高管"的公司相对于聘任"无关联审计师高管"的公司，存在更高程度的税收管理，这是因为关联审计师高管具备信息优势和有关客户的特有税收知识。同时，在小公司，非国有企业，无机构投资者持股、分析师跟踪少和非国际四大审计的公司，关联审计师高管带来的税收管理作用更强。而在信息不对称程度高的公司中，关联审计师高管由于具备信息优势，公司的税收管理程度也更高。考虑自选择问题后的回归结果进一步笃实了"关联审计师高管"在税收管理上的作用。另外，无关联审计师高管在税收管理上有监督效应。

目 录

第一章 绪论 ……………………………………………………… (1)
  第一节 研究的背景及意义 ………………………………… (1)
  第二节 研究的目标 ………………………………………… (3)
  第三节 研究的内容及结构安排 …………………………… (3)
  第四节 研究贡献 …………………………………………… (4)

第二章 文献综述 ……………………………………………… (7)
  第一节 事务所关联文献 …………………………………… (7)
    一 "萨班斯法案"颁布前 ……………………………… (7)
    二 "萨班斯法案"颁布后 ……………………………… (10)
    三 "萨班斯法案"实施后 ……………………………… (12)
  第二节 事务所关联文献评述 ……………………………… (13)
  第三节 中国审计质量实证研究文献及评述 ……………… (15)
  第四节 中国的研究机会 …………………………………… (16)

第三章 国有股权、关联关系与审计质量 …………………… (20)
  第一节 引言 ………………………………………………… (20)
  第二节 制度背景 …………………………………………… (22)
  第三节 文献综述 …………………………………………… (23)
  第四节 研究假设 …………………………………………… (24)
  第五节 实证模型 …………………………………………… (27)
  第六节 样本选择 …………………………………………… (29)
  第七节 实证结果 …………………………………………… (30)
  第八节 稳健性检验 ………………………………………… (35)
  第九节 研究结论及贡献 …………………………………… (36)

第四章　会计师事务所关联、审计任期与审计质量 (38)
第一节　引言 (38)
第二节　文献回顾与评论 (40)
一　审计任期与审计质量 (40)
二　事务所关联与审计质量 (42)
三　研究假设与模型设定 (43)
第三节　样本选择与描述统计 (46)
第四节　检验结果 (51)
一　回归结果 (51)
二　稳健性检验 (53)
第五节　研究结论 (53)

第五章　会计师事务所关联与审计费用 (54)
第一节　引言 (54)
第二节　文献回顾与评论 (56)
第三节　研究假设与模型设定 (57)
第四节　样本选择与描述统计 (62)
第五节　检验结果 (66)
第六节　研究结论、意义及启示 (68)

第六章　高管的 CPA 工作背景、关联关系与应计、真实盈余管理 (69)
第一节　引言 (69)
第二节　文献与研究假设 (70)
第三节　研究设计 (73)
一　样本选择 (73)
二　关键变量定义与计算 (73)
三　模型设定 (74)
第四节　实证结果 (75)
一　描述性统计 (75)
二　回归结果 (77)
三　稳健性检验 (80)
第五节　研究结论及建议 (82)

第七章 高管的CPA工作背景、关联关系与股价同步性 ……（83）
第一节 引言 ……（83）
第二节 文献与研究假设 ……（84）
第三节 研究设计 ……（86）
第四节 实证结果 ……（89）
    一 描述性统计 ……（89）
    二 回归结果 ……（90）
    三 稳健性检验 ……（92）
第五节 研究结论 ……（96）

第八章 关联审计师高管与公司税收管理 ……（97）
第一节 引言 ……（97）
第二节 文献回顾 ……（99）
    一 高管与公司税收 ……（99）
    二 审计师与公司税收 ……（101）
    三 关联审计师高管或会计师事务所关联 ……（102）
第三节 研究假设 ……（103）
    一 关联审计师高管的知识和信息优势有助于税收管理 ……（103）
    二 关联审计师高管税收上的监督作用 ……（105）
第四节 研究设计 ……（107）
    一 样本选择 ……（107）
    二 模型设定 ……（107）
第五节 实证结果 ……（110）
    一 描述性统计 ……（110）
    二 基本回归结果 ……（112）
    三 横截面分析 ……（115）
    四 作用机理检验和自选择问题 ……（120）
第六节 研究结论及建议 ……（129）

第九章 主要研究结论 ……（130）

参考文献 ……（133）

第一章 绪论

第一节 研究的背景及意义

会计师事务所关联（以下简称"事务所关联"）是一种重要的社会现象，是审计客户的现任高管①曾经（或现在）在当前聘任的会计师事务所工作过，这可能会导致审计独立性的妥协（Dowdell and Krishnan, 2004; Lennox, 2005; Menon and Williams, 2004），增加审计客户与会计师事务所合谋的可能性。在美国，事务所关联已经受到了监管部门的重视。Enron、Global Crossing、Waste Management 以及 World Com 等一系列大型公司财务丑闻发生以后，美国萨班斯法案（Sarbanes-Oxley Act, SOA）限制了事务所关联行为。其他国家也因事务所关联发生过类似的财务丑闻，如英国的 Independence Insurance，澳大利亚的 HIH Insurance、Harris Scarfe 等。为了应对 Enron 等公司带来的危机，英国审计实务委员会（Auditing Practices Board, APB）于 2004 年发布了《审计师道德准则》，其中第 2 部准则的 41 段、44 段和 45 段专门对有关事务所关联予以了规范，2008 年和 2010 年又分别对此作了修订。同样受到大公司丑闻的影响，澳大利亚的监管也发生了重要的变化。2003 年 4 月，澳大利亚发布了公司经济法改革计划（Corporate Law Economic Reform Program, CLERP），其中一系列重要改革是关于审计独立性的新规定，以及针对影响审计职能和审计监督方面作出了修改（Martinov-Bennie 等，2011）。

在中国，有事务所关联行为的公司也受到了媒体的追踪和报道。2008

---

① 根据"高阶梯队理论"（Hambrick and Mason, 1984）和"社会资本理论"（Uzzi, 1996），应将企业高级管理层作为研究对象，具体包括董事、监事和高级管理人员。

年7月21日，中国证监会上海稽查局发布公告，寻找"华夏建通"①原财务总监LL，要求该财务总监配合上海稽查局调查"华夏建通"涉嫌违反证券法律法规的行为②。1999—2006年，"华夏建通"的年度财务报告显示，八年间该公司聘请的审计机构一直为同省的会计师事务所HA；根据2002年和2003年两任财务总监（或总会计师）的任职时间推测，2003年3月到12月，财务总监一职处于空缺，媒体认为原审计师LL正好在此期间填补了财务总监这一空缺。根据媒体的推测，该财务总监LL曾经作为"华夏建通"聘任会计师事务所HA的审计组成员，直接参与完成了"华夏建通"的审计报告。该高管的事务所关联关系可能会导致后续审计师独立性的缺失，并引发诸多不良经济后果。2009年9月，"华夏建通"果真收到了中国证监会的《行政处罚及市场禁入事先告知书》（处罚字[2009]25-1号）。

无独有偶，作为1999年、2001年和2002年的签字注册会计师LGZ，是"邢台轧辊"聘任八年之久的会计师事务所HA的法定代表人兼首任主任会计师。LGZ在2005—2006年出任了"东方热电"（深圳交易所代码为000958）的独立董事。而此前该公司财务报告显示，LGZ分别为2002年、2003年年度报告的签字注册会计师，"东方热电"聘请的会计师事务所同样为HA，2006年年度报告披露，HA为之服务达九年之久。2007年和2008年年度报告显示，"东方热电"聘请的会计师事务所变更为JD，LGZ再次成为该公司两年的签字注册会计师，这说明LGZ跳槽到了JD。2009年"东方热电"改聘会计师事务所YH后，YH一直为其服务到现在（2014年），到2013年YH连续五年为该公司出具"带强调事项段的无保留意见"年度审计报告。2010年"东方热电"被ST，2012年摘帽ST。"东方热电"在2009年后收到"非标审计意见"以及被ST，也很可能与

---

① 上海交易所代码为600149。经财政部批准，北京华夏建设科技开发有限责任公司协议受让邢台机械轧辊（集团）有限公司持有的"邢台轧辊"8863.56万股（占公司总股份29%）股份后成为该公司第一大股东，详见2003年3月11日、4月3日《中国证券报》刊登的公司公告。2003年11月25日，北京华夏建设科技开发有限责任公司在北京市工商行政管理局完成了更改公司名称的工商核准登记，公司改名为"华夏建通科技开发集团有限责任公司"，详见2003年12月4日《中国证券报》刊登的公司公告，即为"华夏建通"。但各年年度报告中显示，2003年前为"邢台轧辊"，2004年更名为"华夏建通"，2012年又更名为"廊坊发展"。

② 相关详细报道见http://finance.baidu.com/zt/hxjtzdc/index.html 和http://magazine.caijing.com.cn/20080721/75700.shtml。

LGZ 引发的事务所关联行为有关。

根据以上案例的分析可以看出，中国上市公司的事务所关联行为开始产生和蔓延，同样可能引发财务丑闻以及其他不良经济后果。事务所关联行为也应该引起监管部门的高度重视。而在当前研究事务所关联与审计质量的关系问题也有很强的现实意义。

第二节 研究的目标

本书的研究目标就是要紧密结合中国独特的制度背景，考察中国上市公司通过高管与会计师事务所建立关联是否影响了审计质量。剖析这种关联关系在国有企业和非国有企业的作用是否一致；它是否会导致更长的审计任期、更高或更低的审计收费；又如何影响公司的应计和真实盈余管理；关联关系对公司的信息生产和股价同步性以及税收管理又产生何种影响。特别关注上市公司是否为国有控股，以及独立董事等其他高管事务所关联对审计质量形成的影响。本研究在理论上可以揭示会计师事务所与企业之间的关系，从而可以深化目前有关会计师事务所与经济发展之间关系方面的研究；本研究立足于中国独特的制度背景，因而本研究可以深化国际范围内的审计研究和公司治理方面的研究。从实践方面来看，本研究可以为我国审计市场的有序发展、上市公司治理结构的完善以及独立董事（高管）制度的修订与完善提供重要的依据。

第三节 研究的内容及结构安排

根据本书的研究主题，拟从以下几个方面研究会计师事务所关联关系问题：(1) 通过分析国内外相关研究文献，结合相应的理论基础，总结并提出可以研究的议题。(2) 结合中国的制度背景，研究上市公司的事务所关联关系是否影响了审计质量。探明存在事务所关联的公司收到"标准意见"的概率是否更大；关联关系在国有企业和非国有企业的作用是否有差异。(3) 研究事务所关联对审计任期（事务所任期）和审计质量的影响，以及事务所关联存在和不存在的条件下审计任期与审计质量的关系。验证有事务所关联的公司是否更可能收到标准审计意见，从而说明事务所关联对审计质量的削弱作用；同时探明事务所关联关系的存在是否延长了审计任期，即存在事务所关联的公司比没有事务所关联的公司与事务所合作的时间是否更长。在有事务所关联的公司和没有事务所关联的公司中，审计任期与审计质量之间的关系是否相同；如若不同，其原因何在。(4) 检验会计师事务所关联与审计收费的关系，探明有事务所关联公司的审计费用与没有关联的公司是否存在差异，如果存在显著差异，其深层次的原因何在。同时还需要探索在关联关系存在和不存在情况下，审计意见与审计费用之间的关系。(5) 探明高管的 CPA 工作背景和事务所关联对公司盈余管理的影响。考察 CPA 高管的经验、技能是否会显著地监督和限制公司的盈余管理行为；事务所关联是否通过改变公司面临的审计监管环境，进而影响到公司应计和真实盈余管理水平。(6) 将高管的聘任与股价同步性联系起来，探索公司聘用以前的审计师与公司股价同步性间的关系。考察高管的 CPA 工作经验是否对公司的信息披露和高质量信息的生产具有帮助作用，是否有利于公司异质性信息的产生，从而导致了更低的股价同步性。另一方面，事务所关联会削弱公司的信息质量，这种关联关系可能不利于公司异质性信息的产生，是否最终导致更高的股价同步性。这将从一个特别的视角发掘影响中国股价同步性的特殊动因。(7) 检验关联、非关联审计师高管如何影响公司税负。关联审计师高管具备信息优势和有关客户的特有税收知识，聘任"关联审计师高管"的公司相对于聘任"无关联审计师高管"的公司，是否存在更高程度的税收管理。无关联审计师高管有监督作用，是否在税收管理上也会扮演监督角色。研究所得的证据将有利于发现公司税负的又一影响因素。(8) 最后对本研究做出总结，并提出建议和意见。

本书共九章，第一章为绪论；第二章是文献综述；实证检验的内容分别安排在第三章到第八章，即国有股权、关联关系与审计质量，会计师事务所关联、审计任期与审计质量，会计师事务所关联与审计费用，高管的 CPA 工作背景、关联关系与应计、真实盈余管理、股价同步性，关联审计师高管与公司税收管理。最后一章为主要研究结论。

第四节 研究贡献

本书的贡献体现在以下几个方面：

第一，本书为关系是否削弱了审计质量提供了经验证据。在"以关系为基础的经济体"中，国有股权和高管关联关系削弱了审计质量。我们的研究结果发现，国有股权和高管关联关系增加了公司获得标准审计意见的概率，并且非国有企业高管关联关系带来的概率的增量大于国有企业。这些结果说明国有股权和高管关联关系是削弱审计独立性的两种重要关系形式，相比国有企业，高管关联关系对非国有企业更为重要。研究的贡献在于：(1) 从公司所有权的视角研究了"以关系为基础的经济体"中高管关联关系的作用，补充了这类文献。(2) 考察国有股权对审计质量的影响时，使用了一个较长时间窗口的样本，并控制了知识的作用。(3) 我们的研究结果对监管者和投资者有参考价值。为了避免公司丑闻，监管者应该更加注重审计师与客户之间的关系。建立在公司层面的国有股权和私人层面的高管关联关系是应该得到监管的重要关系形式。本书的研究也告诉投资者，对不同国有股权性质和关联关系的企业，其审计意见也应该区别对待。

第二，在中国的市场环境下考察了事务所关联对审计任期的延长作用，在区分是否存在事务所关联条件下，研究了审计任期与审计质量的关系，丰富了高管会计师事务所关联和审计任期方面的文献；在事务所关联存在的情况下，审计任期对审计质量并无显著影响，表明对审计质量的负面影响并不取决于审计任期的长短，而是事务所关联本身的影响所造成的，从而为理解中国市场环境和制度背景下审计任期与审计质量之间的关系提供了新的经验证据。

第三，将会计师事务所关联与审计费用联系起来，揭示了在会计师事务所关联关系存在的条件下，会计师事务所与审计客户在经济利益上的关系，丰富了会计师事务所关联和审计定价方面的文献；存在事务所关联的公司有动机支付准租金以获得满意的审计报告，这种关联关系的存在稳定了会计师事务所与审计客户之间的关系，延长了审计合约和准租金的收取，从而导致了初始审计定价折扣的存在，最终扩展了初始审计定价折扣模型；本书还考察了关联关系和审计意见对审计费用的交互作用，但是没有显著的证据表明事务所关联影响了审计意见对审计费用的作用关系。

第四，本书立足于中国的制度背景，还特别考察了高管的CPA工作背景和事务所关联对公司盈余管理的影响。没有显著的证据表明，CPA高管的经验、技能会显著地监督和限制公司的盈余管理行为；但是，事务所关联赋予了高管进行额外应计盈余管理的能力，能让审计师接受更高水平的应计盈余管理，使得公司面临的审计监管更为宽松，公司没有转向成本更高的真实盈余管理，而是更低水平的真实盈余管理。这个现象说明，在中国上市公司中，CPA高管的工作技能和经验没能让公司受益，不仅在盈余管理方面没有发挥应有的监管作用，反而"助纣为虐"，使得公司有更高水平的应计盈余管理。因此，中国的监管者应该借鉴美国的"萨班斯法案"，加强对审计师"跳槽"行为的限制，尤其是审计师到所审客户任职。本书的研究为此提供了经验证据。

第五，本书运用中国股票市场2008—2011年间的数据，研究了公司聘用以前的审计师与公司股价同步性间的关系。实证结果表明，一方面，高管的CPA工作经验，对公司的信息披露和高质量信息的生产具有帮助作用，从而有利于公司异质性信息的产生，导致了更低的股价同步性。另一方面，事务所关联削弱了公司的信息质量，这种关联关系不利于公司异质性信息的产生，最终导致了更高的股价同步性。本书的研究证明了高管的CPA工作背景在信息生产中的价值，揭示了事务所关联对信息质量的削弱作用。同时，本书将高管的聘任与股价同步性联系起来，从一个特别的视角发掘了影响中国股价同步性的特殊动因。

第六，本书还验证了关联、非关联审计师高管在公司税收管理方面的作用。证据显示，聘任"关联审计师高管"的公司相对于聘任"无关联审计师高管"的公司，存在更高程度的税收管理，这是因为关联审计师高管具备信息优势和有关客户的特有税收知识。同时，在小公司，非国有企业，无机构投资者持股、分析师跟踪少和非国际四大审计的公司，关联审计师高管带来的税收管理作用更强。而在信息不对称程度高的公司中，关联审计师高管由于具备信息优势，公司的税收管理程度也更高。另外，无关联审计师高管在税收管理上有监督效应。本研究一方面揭示了影响公司税收的特殊动因，另一方面补充了"关联审计师高管"方面的文献，也进一步丰富了公司治理方面的文献。结合中国的现实状况以及"关联审计师高管"在税收上形成的影响，为国家出台相关法律和制度来规范公司聘请"关联审计师高管"提供了经验证据。

第二章 文献综述

第一节 事务所关联文献

按照美国"萨班斯法案"以"颁布""实施"的时间点为分界线,有关事务所关联与审计质量及其经济后果的文献,按照研究的对象不同可以划分为三个阶段:(1)"萨班斯法案"颁布以前的文献,主要使用调查和实验的方法来研究事务所关联对审计质量的影响(Imhoff, 1978; Firth, 1981; Schleifer and Shockley, 1990; Koh and Mahathevan, 1993; Parlin and Bartlett, 1994; Kaplan and Whitecotton, 2001)。这些研究证明了事务所关联的普遍性,使得财务报告使用者意识到事务所关联削弱了审计质量。(2)"萨班斯法案"颁布后,以没有实施"萨班斯法案"限制事务所关联时期的公司为研究样本,一些档案研究开始检验事务所关联对审计质量产生的影响。主要的研究视角为审计意见(Lennox, 2005)、盈余管理(Menon and Williams, 2004; Dowdell and Krishnan, 2004; Geiger et al., 2005; Geiger and North, 2006)和市场反应(Geiger et al., 2008)等。但他们所得出的结论并不一致。(3)"萨班斯法案"实施后,以"萨班斯法案"限制了事务所关联时期的公司为研究样本,Naiker and Sharma (2009)以及 Naiker 等(2013)分别从内控缺陷和非审计服务收费的视角,检验了事务所关联引发的经济后果。他们认为"萨班斯法案"对事务所关联的限制似乎没有必要。Basioudis(2007)以及 Dart and Chandler(2013)则在英国制度背景下开展了有关事务所关联的类似研究。在澳大利亚的公司经济法改革计划(CLERP)等大背景下,Martinov Bennie 等(2011)也调查分析了事务所关联引发的后果。

一 "萨班斯法案"颁布前

"萨班斯法案"颁布以前,一些文献主要使用调查和实验的方法来研究事务所关联对审计质量的影响。Imhoff（1978）实验性地考量了审计师接受客户的雇佣（即事务所关联）所带来的潜在的独立性问题。实验参与者包括美国会计师协会（AICPA）成员、银行家和财务分析师。实验主要使用了两个变量：审计师在事务所时的职位级别和注册会计师从事务所跳槽到客户间的时间间隔。他发现，对于非主管级别的审计师离开事务所6个月后加入客户，CPA和财务报告使用者并不关心。但是CPA和财务报告使用者对"主管级别的审计师进入客户"和"时间间隔在18个月内"影响审计独立性的看法有显著的不同，CPA认为"时间间隔在6个月内"才会影响审计独立性。

Firth（1981）通过问卷获得的数据，检验了银行信贷员是否在贷款决策时考虑了审计报告的独立性。他的研究为事务所与客户之间的某些关系削弱或改善贷款前景提供了一些证据，事务所与客户之间的关系包括审计师受聘于客户形成的事务所关联。

Schleifer and Shockley（1990）调查了四类人员对Cohen委员会讨论的14项影响审计独立性政策的看法，即"八大"会计师事务所的合伙人、非"八大"的注册会计师、银行信贷员和注册金融分析师（CFA）。对"禁止事务所关联以提高审计独立性"的看法中，22位"八大"会计师事务所的合伙人全部反对，19位非"八大"的注册会计师有15人反对，17位银行信贷员有8人同意、6人反对，12位注册金融分析师9人反对、3人同意。大部分的审计从业人员都反对这一政策，因为这阻断了他们职业生涯的延续性。

Koh and Mahathevan（1993）针对392名中层管理人员，用方差分析法评估了在审计师接受客户的雇佣前后，管理者对审计师独立性的看法。他们的研究从四个角度来观测独立性：（1）审计师在事务所时的职位；（2）从"审计"客户到"加入"客户间的时间间隔；（3）审计师目前在客户公司中的职位；（4）审计师在接受客户雇佣前发表的审计意见类型。方差分析的结果显示，在审计师接受雇佣后的审计中，从"审计"到"加入"客户间的时间间隔越短，审计师的独立性越容易受到质疑；"审计意见类型"和"审计师目前在客户公司中的职位"二者的交互作用，在较小的程度上影响了审计独立性；当审计师目前作为客户的报表编制者，当客户收到的是"清洁审计意见"而不是"非清洁审计意见"时，审计独立性受到了更多的质疑；审计师过去的"主管地位"和现在作为"报表编制者"比"非主管地位"和"非报表编制者"对审计独立性的削弱程度更重。

Parlin and Bartlett（1994）通过案例研究，获得了一些来自 CPA 调查的证据，他们发现事务所关联为客户财务报表的真实性带来了足够的证据。他们认为，当审计师日益依赖他们对客户职员正直性和可靠性的判断时，审计师与客户之间的"舒适度"可能不恰当地影响了审计结果。由于 Parlin and Bartlett（1994）调查的对象不足 40 个，其结论的代表性显然值得怀疑。

在审计师发现了其他的审计师与客户之间存在事务所关联，并违反了职业道德准则的情形下，Kaplan and Whitecotton（2001）检验了审计师的报告意图。他们的检验模型认为，审计师的报告意图可能会受到诸多因素的影响，如审计师对事务所关联行为严重程度的看法、报告的个人成本、他们对报告的责任以及他们对职业会计的承诺。最终的结果表明，当报告的个人成本越低和对报告的责任感越强时，审计师的报告意图越强。

上述研究主要针对审计师和财务报告使用者进行调查，而 Iyer and Raghunandan（2002）首次从客户的角度研究了客户对事务所关联的看法。Iyer and Raghunandan（2002）随机地选择了 757 名以前的审计师，对事务所关联的专职高管和管理人员进行了问卷调查，大约 1/4 的受访者一致认为以前的同事更易解决审计中的分歧，但是高达 36% 的受访者认为他们很难和以前的同事解决审计意见的分歧。以前审计师在事务所中的职位，以及离开事务所到加入客户之间的时间间隔，似乎对达成妥协没有显著的作用。Iyer and Raghunandan（2002）最终认为，为了维持职业的公正性，在处理与以前同事的分歧时，审计师需要变得更加敏感。

与上述研究相比，Iyer 等（1997）的视角更为独特，他们考察了事务所关联的程度及后果。Iyer 等（1997）检验了以前审计师"跳槽"后与他们工作过的事务所之间的联系。他们发现，事务所和以前审计师的特征显著影响了他们之间的联系程度。如果事务所名声越大，以前的审计师越可能认为他们之间是有联系的；以前的审计师和他们的师父之间的联系非常亲近；联系增加了以前审计师给事务所带来经济利益的可能，如果事务所维持这种强烈的关系，以前的审计师越倾向于给他们提供经济利益。事务所主要通过以下手段来维持这些关系，如分发通讯录和业务通讯、组织社会活动以及维持同事之间的个人交流等。

以上这些研究证明了事务所关联的普遍性，使得财务报告使用者意识到事务所关联削弱了审计质量，但是如今作为高管的前任审计师的作用却是不确定的。这个时期，并没有公开的档案性的文献检验事务所关联是否削弱了审计质量，仅仅对这种关联提供了一些有限的看法，而没有专门探索从会计师事务所雇佣审计师作为高管而导致的审计质量差异，以及引发的其他经济后果。

二 "萨班斯法案"颁布后

随着"萨班斯法案"的颁布，一些档案研究已经开始检验事务所关联对审计质量产生的影响。Lennox（2005）利用"非标意见"出具的频率作为审计质量的替代变量，并将事务所关联分为两种情形：（1）雇佣关联，即审计师离开公司去审计客户方工作，在美国称为"反转门"（revolving door）；（2）回报关联，即高管劝说其公司聘请他以前工作过的会计师事务所作为当前审计财务报告的会计师事务所。他发现存在事务所关联的公司收到"非标意见"的概率更小，从而说明审计质量被削弱了。这个结果在回报关联情形下是显著的，但是在雇佣关联情形下，这种关系的显著性很弱。Lennox（2005）解释为雇佣关联的结果可能是有偏颇的，因为审计师可能拥有一些关于客户未来前景的私人信息，在离开会计师事务所之后，他们会选择加入那些前景较好、收到"非标意见"可能性较小的公司。尽管 Lennox（2005）的研究将样本区分为雇佣关联和回报关联两类，但是他仅仅将关联局限在首席执行官（CEO）、首席财务执行官（CFO）所建立关联的途径上，而没有考虑通过其他高管建立关联的途径，比如董事、监事等的事务所关联关系；同时，他的研究仅从审计意见的视角来考察事务所关联对审计质量的影响，没有从盈余管理、审计任期、初始审计定价折扣及股价同步性等角度进行深入研究，其结论的可靠性有限。

另外一部分研究主要从应计盈余管理的角度检验了事务所关联的作用。Menon and Williams（2004）将有关联的执行官和董事区分为是否曾经是公司现任会计师事务所的前合伙人，但是没有像 Lennox（2005）那样将关联分为雇佣关联和回报关联。Menon and Williams（2004）发现，有关联的公司比没有关联的公司拥有更大的带符号和不带符号的非正常应计。他们还发现存在事务所关联的公司遇到分析师盈利预测的频率较高。因此，他们认为以前的合伙人地位和会计师事务所的关联关系与较大的盈余管理正相关。他们所考察的对象主要是具备合伙人身份的前事务所职员。

与"萨班斯法案"限制的对象相一致的是，Dowdell and Krishnan（2004）以及Geiger等（2005）特别集中研究了具有公司高级财务职位的雇佣关联。Dowdell and Krishnan（2004）将首席财务执行官的任命作为研究样本，其关联首席财务执行官不仅包括以前的会计师事务所的合伙人，也包括其他层次的事务所职员。他们发现首席财务执行官有事务所关联公司的带符号的非正常应计高于首席财务执行官没有关联的公司，但是非正常应计的绝对值却没有显著差异。由于"萨班斯法案"限制了所有对会计和财务具有影响的职位，比如首席财务执行官、首席会计执行官（CAO）、主计长（controller）等，因此，Geiger等（2005）的样本包括了首席财务执行官及其他的职位。他们发现应计盈余的绝对值、非经营性盈余与雇佣关联之间的关系并不显著。这有可能归因于"五大"会计师事务所的高质量审计以及"五大"事务所出身的雇员所具备的高尚职业道德水准。Geiger and North（2006）检验了雇佣新首席财务执行官所引起带符号的流动性可操控性应计的变化。但是这并不是他研究的重心，他们发现可操控性应计的变化与首席财务执行官是否直接从事务所雇佣没有显著的相关性，因此，总的来看，"萨班斯法案"所限制的雇佣关联是否削弱了审计质量，其证据是不确定的。以上这些研究均以"萨班斯法案"的颁布为背景，仅仅对具有公司高级财务职位的雇佣关联进行了研究，没有考虑回报关联以及其他高管建立关联的途径对审计质量的影响。盈余管理的衡量也仅局限于应计盈余，而没有深入研究事务所关联造成的应计、真实盈余管理的联动影响。

Lennox and Park（2007）通过研究审计委员会和回报关联如何影响公司事务所的选择，发现了两个主要的结论：(1) 公司倾向于聘请他们的高管曾经工作过的事务所，因此，这种关联关系为事务所带来了重大的经济利益，而且以前的审计师离开事务所到任职于公司的时间间隔越短，形成回报关联的趋势越显著；(2) 如果审计委员会越独立，公司越不可能去聘请他们的高管曾经工作过的事务所，即独立的审计委员会会阻止回报关联的形成，降低了回报关联对公司事务所选择的影响。Lennox and Park（2007）的研究对象主要是在"五大"事务所工作过的首席执行官、会计或财务类的专职高管。

Geiger等（2008）还利用1985—2002年间的数据，考察了从会计师事务所雇佣财务、会计负责人的市场反应，其结论并不支持"萨班斯法案"对事务所关联的限制。通过检验围绕"反转门"任命消息发布的一个三天的累计超额回报，发现"反转门"任命的比例相对较低，市场的反应为正，并且主要是由"反转门"任命的小公司所导致，而与低的财务报告质量无关。最终表明，"萨班斯法案"对"反转门"任命的限制没有必要，对投资者的保护作用也很小。

与上述研究处于同一时期，Basioudis（2007）在英国的制度背景下，以上市公司为研究对象，探讨了回报关联与审计定价之间的关系。具体的检验结果表明，当公司的董事会成员有回报关联时，公司降低的审计费用达到21%以上，这符合审计业务风险理论。此结果只在大公司中显著。Basioudis（2007）所考察的主要是非执行董事和执行董事，其中执行董事包括董事会主席、首席执行官、财务董事和其他执行董事。他的研究为证明"校友回报效应"存在于英国审计服务市场提供了经验证据。

Dart and Chandler（2013）采用调查的方法，在英国的制度环境下，首次从个人和机构投资者的角度，考察了他们对事务所关联的看法。Dart and Chandler（2013）主要检验了两个问题：（1）英国的投资者（包括个人和机构投资者）是否意识到审计客户雇佣以前的审计师，形成事务所关联是对事务所独立性的一种威胁；（2）投资者是否会到审计组成员受到事务所关联影响的公司进行投资。没有显著的证据表明机构投资者意识到事务所关联引发的风险。但是个人投资者会非常关注事务所关联带来的独立性问题。尽管机构投资者和个人投资者对事务所关联的看法存在差异，但是从他们的调查对象的反馈情况来看，加强限制审计师"跳槽"到客户公司似乎没有很大的必要性。

三 "萨班斯法案"实施后

除 Geiger 等（2008）、Dart and Chandler（2013）不支持限制审计师"跳槽"到客户公司的行为外，最近以"萨班斯法案"实施后的公司为样本的研究结论，同样也不支持对事务所关联的限制。基于2004年（"萨班斯法案"实施后）的样本，Naiker and Sharma（2009）检验了在公司审计委员会任职的关联合伙人、非关联合伙人与内控缺陷之间的关系，最终发现他们之间存在显著的负相关；Naiker and Sharma（2009）还认为纽约证券交易所（NYSE）和纳斯达克（NASDAQ）对关联合伙人三年冷静期的规则理由不够充分，值得监管者思考和研究者们更为深入的研究；Naiker and Sharma（2009）深层次的研究还表明，当管理层有条件绕过对内控缺陷的披露时，关联合伙人不允许管理层这么做；关联合伙人任职于审计委员会还与绩效调整的可操控性应计负相关，这个结论恰恰与 Menon and Williams（2004）和 Dowdell and Krishnan（2004）得出的结果刚好相反。Naiker and Sharma（2009）认为，所有这些结果均归功于在公司审计委员会任职的关联合伙人、非关联合伙人，他们对公司内控的缺陷和财务报告行使了更加有效的监管。

为了应对非审计服务（NAS）对审计独立性的潜在威胁，"萨班斯法案"要求审计委员会对审计师的非审计服务进行预先核准。然而，审计委员会中存在关联关系的事务所前合伙人，可能会削弱审计委员会对非审计服务预先核准过程应有的勤勉性。为了减少此类问题，美国证券交易委员会（SEC）要求以前的审计师被聘任为独立董事前必须有一个三年的冷静期。Naiker 等（2013）通过考察前事务所的合伙人任职于审计委员会与非审计服务之间的关系，结果发现，审计委员会的事务所前合伙人与事务所之间无论是否存在关联关系，都不会导致公司有更多的非审计服务；存在关联关系的事务所前合伙人反而还减少了非审计服务。而且，非审计服务还随着事务所关联前合伙人任命于审计委员会而显著地下降。深层次的检验还表明三年的冷静期可能不是那么合理，值得进一步研究。Naiker 等（2013）的研究对监管者、政策制定者、公司董事会和未来的研究有着重要的意义。

虽然，Geiger 等（2008）、Naiker and Sharma（2009）以及 Naiker 等（2013）的研究没有直接考察"反转门"任命对审计质量的影响，研究结论也不支持"萨班斯法案"对事务所关联行为的限制。但是他们的研究告诉我们，"反转门"任命在一定程度上也会使得公司受益于审计师的特有知识和从业经验，这些特有知识和经验具有两面性，同样会从正反两方面来影响公司的财务报告质量和审计质量。

第二节　事务所关联文献评述

纵观以上文献，有关高管会计师事务所关联对审计质量和财务报告质量影响的研究主要以美国制度背景为主，并且目前还没有得到比较一致的结论。结合中国的制度背景，上述文献还有诸多研究的侧面和视角没有涉及。

（1）没有考虑其他关系对事务所关联和审计质量的影响。事务所关联对审计质量的影响，实际上研究的是关系对审计质量的影响；而现实中，除了聘任关系以外，会计师事务所与客户之间可能还会存在其他的关系。比如客户的国有股权性质，它使得会计师事务所受到政府的干预，而这一潜在的关系也可能影响审计质量。

（2）没有考虑和控制高管特有的会计知识和从业经验对审计质量的影响。一方面，有关高管曾经在事务所工作过，因此，他们的会计、审计等方面的知识更为丰富，这些知识会直接影响审计质量和财务报告质量，也可以通过影响内部控制质量等途径来影响财务报告质量和审计质量；另一方面，关联关系的存在，会削弱审计师的独立性，从而降低审计师发现并报告问题的能力，最终影响审计质量。除 Naiker and Sharma（2009）和 Naiker 等（2013）的研究以外，上述大部分研究没有控制这一因素。

（3）没有研究公司通过其他高管建立事务所关联对审计质量形成的影响。上述研究的主要研究对象是首席执行官、首席财务执行官和主计长（Lennox，2005；Dowdell and Krishnan，2004；Geiger 等，2005；Lennox and Park，2007；Geiger 等，2008）、董事（Menon and Williams，2004；Basioudis，2007）或者事务所的前合伙人（Menon and Williams，2004；Naiker and Sharma，2009；Naiker 等，2013）。这主要基于高管现在和过去职位的重要性以及萨班斯法案的限制。但是基于"高阶梯队理论"（Hambrick and Mason，1984）和"社会资本理论"（Uzzi，1996），应将企业高级管理层（具体包括董事、监事和高级管理人员）作为研究对象。

（4）研究视角不够宽泛。尽管 Lennox（2005）考察了事务所关联与审计意见之间的关系，但是他的研究没有考虑到事务所关联对审计任期的影响，以及审计任期和事务所关联对审计质量的共同作用；Menon and Williams（2004）、Dowdell and Krishnan（2004）和 Geiger 等（2005）研究了事务所关联对应计盈余管理的影响，但是没有考虑到应计盈余管理与真实盈余管理的互动关系，以及事务所关联对真实盈余管理带来的影响；Basioudis（2007）虽然检验了事务所关联与审计收费之间的关系，但是他的研究不够深入，没有进一步检验两者之间的关系是否为事务所关联引发的初始审计定价折扣所导致；而从股价同步性和税收管理等角度进行的研究还处于空白。

第三节 中国审计质量实证研究文献及评述

以中国独特的制度背景对审计质量进行的实证研究已经得到了长足的发展,主要体现在以下几个方面:(1)审计任期(陈信元和夏立军,2006;刘启亮,2006;刘启亮和唐建新,2009;罗党论和黄旸杨,2007;夏立军、陈信元和方轶强,2005)。(2)非审计服务(刘星等,2006)。(3)客户重要性(刘启亮、陈汉文和姚易伟,2006)。(4)审计师专业技能(蔡春和鲜文铎,2007)。(5)会计事务所特征(刘峰、谢斌和黄宇明,2009;王兵和辛清泉,2010;王少飞等,2010;吴昊旻和王华,2010;曾亚敏和张俊生,2010)。(6)公司治理(刘力和马贤明,2008;唐跃军、李维安和谢仍明,2006a;唐跃军、李维安和谢仍明,2006b;王跃堂和涂建明,2006;王跃堂和赵子夜,2003;肖作平,2006;杨德明、林斌和王彦超,2009;余宇莹和刘启亮,2007)。(7)其他(贾平和陈关亭,2010;叶建芳、陈辉发和蒋义宏,2010)。这些文献没有关注事务所关联与审计质量的关系问题。

另外一部分研究则着重关注了一些因素与审计意见之间的关系,主要是:(1)盈余管理(刘继红,2009;夏立军和杨海斌,2002;杨德明和胡婷,2010;章永奎和刘峰,2002)。(2)财务重述以及会计估计(王霞和张为国,2005)。(3)大股东资金占用(岳衡,2006)。(4)股票市场对审计意见的反映(李增泉,1999)。(5)不同会计师事务所出具的审计意见是否存在显著差异(蔡春、黄益建和赵莎,2005;刘峰和周福源,2007;王艳艳和陈汉文,2006;原红旗和李海建,2003;张奇峰,2005)。(6)审计意见与融资约束(王少飞、孙铮和张旭,2009)。(7)公司特征和事务所特征(于鹏,2007)。而方军雄、洪剑峭和李若山(2004)还对我国审计市场上审计师出具非标准无保留意见的决定因素进行了分析,着重关注哪些因素影响了审计意见类型。这些文献同样没有关注事务所关联对审计意见的影响。

因此,找到一些合适的切入点,结合中国公司国有股权性质、会计师事务所的改革和发展历程、政府对会计师事务所和公司的干预以及不完善的独立董事制度等独特的背景,开展转轨经济和新兴市场中的事务所关联与审计质量的关系研究,以及它们的经济后果研究,是十分难得的研究机会。

第四节 中国的研究机会

通过对以美国背景为主的研究进行分析，结合中国目前事务所关联及审计质量的研究现状，有关事务所关联和审计质量及其经济后果的研究还存在诸多可行的研究方面，事务所关联的研究可以进一步深入、细化和完善。

第一，应将企业高级管理层（具体包括董事、监事和高级管理人员）作为研究对象，来考察他们建立的事务所关联所引发的经济后果。仅仅针对首席执行官、首席财务执行官、主计长和董事的事务所关联进行研究，忽视了其他高管成员所起到的相同作用。高阶梯队理论认为，企业的绩效和战略选择在某种程度上取决于企业高层管理人员的人口统计特征（Demographic in Character）。而团队成员不同的认知基础、价值观、洞察力主要来源于高管的背景与经验。社会资本理论认为，社会成员能够凭借自身资源从各种不同的社会结构中获得利益。对于企业而言，高层管理人员一系列强弱社会关系的总和就是企业的社会资本，是一种重要的无形资产。Uzzi（1996）指出，企业通过弱关系获取各种新颖而不重复的信息，这种信息优势对于新产品与技术频繁产生的行业更为重要。强关系对企业绩效的贡献主要通过直接的资源获取优势来实现，凭借关系双方彼此之间紧密的联系、频繁的接触和多重的社会关系为企业提供各种所需的技术、资金和市场等资源。借助这两个理论，从所有高管团队成员的审计从业背景出发，研究他们的事务所关联所导致的经济后果更为科学，理论基础更为坚实。

第二，考虑其他关系和事务所关联对审计质量的影响，比如审计客户的国有股权性质带来的关系。相对于"以规则为基础的经济体"来说，中国更多地被认为是偏向于"以关系为基础的经济体"（Hui and Graen, 1997；Li and Filer, 2007；Lin, 2002；Luo, 2000）。除了高管事务所关联关系这一基于个人的关系以外，基于公司层面的国有股权也是中国的另一种特殊关系形式。国有企业与政府有着很深的内在联系，而非国有企业没有。同时，中国审计市场也由政府所控制。因此，公司的国有股权也可能对审计质量有着直接影响。当国有公司通过政府来影响审计质量时，事务所关联所发挥的作用可能存在差异，这需要进一步验证。

第三，考虑事务所关联对审计任期的影响，以及审计任期和事务所关联对审计质量的共同作用。如果事务所关联这种私人关系对于审计客户来说是有用的，如收到标准的审计意见（Lennox，2005）、允许有更多的盈余管理（Dowdell and Krishnan，2004）、降低审计费用（Basioudis，2007）等，那么审计客户会竭力维持这种关联关系。而从事务所的角度来讲，事务所同样需要维持与客户之间的联系。根据 Iyer 等（1997）的研究，事务所与以前审计师之间的联系，可以增加以前审计师给事务所带来经济利益的可能，如果事务所维持这种强烈的关系，以前的审计师越倾向于给它们提供经济利益。因此，事务所关联会延长审计任期。而 Catanach and Walker（1999）认为，审计任期通过影响审计师的专业能力、审计独立性、经济利益和市场结构，从而最终对审计质量形成影响。因此，在事务所关联存在的情况下，审计任期对审计质量的影响机理可能不同，而两者对审计质量的共同作用也值得深究。

第四，考察事务所关联对应计、真实盈余管理产生的影响。事务所关联与应计盈余管理间的关系依旧模糊不清。Dowdell and Krishnan（2004）以及 Menon and Williams（2004）发现，有"事务所关联"的公司存在更多的应计盈余管理行为。但是，Geiger 等（2005）以及 Geiger and North（2006）并未发现事务所关联与应计盈余之间存在显著关系。Geiger 等（2008）反而发现任命有事务所关联的财务高管带来了正的市场反应，没有导致应计盈余的显著变化。相反，聘请事务所关联的前合伙人任职于审计委员会，能对内部控制和财务报告行使更为有效的监管，因此，事务所关联的公司有更少的应计盈余（Naiker and Sharma，2009）。可见，事务所关联与应计盈余管理间的关系并未取得一致的证据，有待进一步实证研究。与应计盈余管理一样，真实的盈余管理也是一种夸大报告盈余的重要手段（Roychowdhury，2006；Cohen 等，2008；Gunny，2010；Zang，2012），而且真实盈余管理与应计盈余管理之间的关系随外部监管环境的变化而不同。高质量的外部审计限制应计盈余管理时，公司会转向真实盈余管理（Chi 等，2011；Alhadab 等，2013），高质量风险资本的监管作用能同时限制真实盈余管理与应计盈余管理（Wongsunwai，2013）。事务所关联会引起公司外部监管环境的变化，尤其是审计师的监管作用，会为公司营造更为宽松的审计监管环境，这可能导致真实盈余管理与应计盈余管理之间的关系也会不同于其他公司。

第五，从股价同步性的角度来考察高管的审计师工作背景和事务所关联的作用。高管的工作背景直接影响了公开信息的披露，导致了异质性信息的产生，决定了公司股价的同步性。财务报告作为重要的公开信息的手段，审计师高管拥有丰富的专业会计知识和技能，能够提升财务报告质量。而高质量的财务报告有利于公司异质性信息的产生，会有更低的股价同步性。因此，聘任了审计师高管的公司会有更低的股价同步性。如果只是审计师高管的知识发挥作用的话，相比没有事务所关联的审计师高管，有事务所关联的审计师高管拥有更多关于客户的专门会计知识和对这一客户更为系统的理解，这些知识和能力可以让高管更为迅速、有效地步入其专业岗位（Geiger 等，2008），也能提升公司财务报告的质量（Dowdell and Krishnan，2004；Naiker 等，2013），因此，聘任有事务所关联高管公司的股价同步性更低。如果只有关联关系发挥作用时，有事务所关联的审计师高管会削弱财务报告的质量，这降低了公司的透明度，影响了公司异质性信息的产生，聘任有事务所关联高管的公司会有更高的股价同步性。专门会计知识和关联关系到底谁发挥的作用更强，从股价同步性的角度可以得到进一步证实。

第六，检验关联和非关联审计师高管对公司税负的影响。无关联的审计师高管具有一般的税收知识，比如行业广泛使用的各种税收筹划策略等，而有关联的审计师高管除了具备一般的税收知识外，还有关于客户的专门知识，比如用于相关客户的特有的避税知识。其原因在于有关联的审计师高管，由于过去曾经为公司提供过服务，他比没有关联的审计师高管更了解公司的过去和现在，有更多信息优势，熟知公司这一特定实体、所在地区和行业的相关税法，具备有关公司的专门知识，更了解公司避税策略的细微差别；有关联的高管拥有对不同避税策略下税收和财务报告后果的更深层次的理解，他们不仅拥有提供税收筹划机会的高级知识，而且他们更可能为公司提供更适合于公司的、独一无二的税收筹划策略。聘请有关联的审计师高管，有充分的优势来提高公司的税收筹划或避税水平，同时也能兼顾到税收管理所引发的会计后果。因此，聘任"关联审计师高管"的公司相对于聘任"无关联审计师高管"的公司，可能存在更高程度的税收管理。另外，由于公司有不同的税收管理动机和差异化的治理水平，在小公司，非国有企业，无机构投资者持股、分析师跟踪少和非国际四大审计的公司，关联审计师高管带来的税收管理作用也可能会不同。

另外,根据 DeAngelo(1981a)的研究,初始审计定价折扣是未来准租金的现值,如果事务所关联能够延长审计任期,即延长准租金的收取,这会导致审计定价折扣。尽管 Basioudis(2007)认为事务所关联会降低审计费用,但是他并未深入地验证更为低廉的审计费用是不是初始审计定价折扣。所以,事务所关联是否导致了初始审计定价折扣,需要更为深入的经验证据。

第三章 国有股权、关联关系与审计质量

第一节 引言

关系，在英文中称为"relationships"或"connections"，是指人们为了实现某种特定目的而发展和使用的社会联系，它是决定企业成功与否的一个关键因素（Gold，1985；Jacobs，1979、1982；Walder，1986；Yang，1994）。大量研究发现，关系是企业获得资源与支持的主要渠道之一（Au and Wong，2000；Hwang 等，2009）。关系可以为企业带来诸多商业利益，比如保护稀缺资源、绕开错综复杂的官僚政治、获取信息和特许权、处理难以销售的产品、为不确定性提供保险和救助等（Fan，2002；Fock and Woo，1998；Tsang，1998）。

在会计领域，审计在服务公众利益方面起着重要作用，它有助于强化管理者职责、加强投资者对企业财务报表的信心。然而，关系的存在会使得公司收到"特殊的"审计报告，即使此种行为会侵害其他股东的利益。近年来，"关系"引发了诸多公司丑闻，如美国的 Enron、Global Crossing 和 Waste Management，英国的 Independent Insurance，澳大利亚的 HIH Insurance。这些财务丑闻引起了外界对财务报告质量的关注。在这些财务丑闻案例中，每个公司至少都有一名重要高管是曾在公司目前所聘请的会计师事务所工作过的前任审计师，这种情况被 Clikeman（1996）称之为"反转门"现象。

目前，关于高管关联关系影响审计质量的研究大部分是基于"以规则为基础的经济体"（rules-based economies）[①]，而基于"以关系为基础的经济体"（relation-based economies）的有关研究较为鲜见。此外，有关高管关联关系对审计质量影响的研究，并未取得一致的结论。一部分研究认

---

① 尽管 Gul 等（2003）考察了中国审计师的道德行为，但是没有检验高管的关联关系对审计质量的影响。

为，高管关联关系会削弱财务报告和审计质量（Lennox，2005；Menon and Williams，2004）；也有研究表明高管关联关系有利于加强企业内部控制监管，提高财务报告质量（Geiger 等，2008；Naiker and Shama，2009）。

相对于"以规则为基础的经济体"来说，中国更多地被认为是偏向于"以关系为基础的经济体"（Hui and Graen，1997；Li and Filer，2007；Lin，2002；Luo，2000）[①]。除了高管关联关系[②]这一基于个人的关系以外，基于公司层面的国有股权也是中国的另一种特殊关系形式。国有企业与政府有着很深的内在联系，而非国有企业并没有。同时，中国审计市场也由政府所控制。因此，公司的国有股权也可能对审计质量有着直接影响。然而，有关国有股权对审计质量的研究却很少，而且已有的研究结论也不一致。例如，Wang and Zhao（2003）以及 Han（2008）发现国有股权对审计质量有负面影响，而 Liao and Wang（2008）却发现国有股权对审计质量有正面作用。

本章探讨了国有股权、高管关联关系以及两者的交互作用对审计质量的影响。本书对文献方面做了三方面贡献。首先，补充了"以关系为基础的经济体"中关于"高管关联关系影响审计质量"的文献。尽管在理论上来说，相对于"以规则为基础的经济体"，"以关系为基础的经济体"中高管关联关系对审计质量的影响作用更大，但是经验的证据较为缺乏。其次，本章为国有股权对审计质量的影响提供了更为稳定的证据；使用了大样本数据，控制了高管的知识对审计意见的影响，最终也扩展了这类文献。最后，本章研究了国有股权和高管关联关系对审计质量的交互作用。尽管国有股权对审计质量有直接影响，但是它也可能影响高管关联关系与审计质量之间的关系。截止到目前，没有文献探讨国有股权与高管关联关系对审计质量的联合影响。

经过本章的研究发现，国有企业和具有关联关系的公司收到非标准意见的概率较低。高管关联关系对非国有企业收到标准审计意见的影响比其

[①] 当大多数交易都是基于客观和明确的协议时，国家可以公正地执行合同，我们称之为"以规则为基础的治理体系"。相反，如果大部分交易都是基于个人和隐性合约时，国家一般不能够公正地执行合同，我们认为公司在很大程度上依赖"基于关系的治理体系"（Li，2003）。

[②] 因为在帮助公司获得更好的审计报告方面，专职高管和董事会成员与审计师的关联关系的作用相似，我们没有对这两类人员的关联关系进行区分，而将其统称为"高管关联关系"。因此，在我们的样本数据当中，高管包含了首席执行官、首席财务执行官、董事会成员和其他高级管理人员等。

对国有企业的影响更大。这说明国有股权和高管关联关系均会削弱审计独立性。并且，高管关联关系对审计质量的影响在国有企业与非国有企业中是不同的。以前的研究主要针对"以规则为基础的经济体"，其公司绝大多数由私人所掌控，本书取得的一些新结论不同于以前的研究结果。

本章余下部分的结构是这样安排的：第二节，描述了中国的制度背景；第三、第四节为文献综述和研究假设；第五、第六节为实证模型和样本选择；第七、第八节为实证结果和稳健性检验；最后是本章的研究结论及贡献。

第二节 制度背景

中国经济的关系性质与西方的经济行为之间存在着很大的区别（Hui and Graen，1997；Li and Filer，2007；Lin，2002；Luo，2000）。比如美国，其商业是以规则为导向的监管和治理（Sue-Chan and Dasborough，2006）。中国存在大量的国有企业，同时中国政府控制着审计市场，这就使得这个区别变得更加复杂。

在中国，上市公司有两种类型：国有上市公司和非国有上市公司。在1978年经济改革之前，政府通过各种国有企业全方位地控制了所有的经济活动。为了恢复国有企业的效率，中国政府尝试着进行了部分私有化，在改革过程中，1000多家国有企业公开发行了股票。部分私有化的过程开放了大约1/3的国有企业股份，剩下的2/3的股份依然为国有股权或者变成了"法人股"。这些国有股份由国资委等政府机构代为持有。很多"法人股"转移到了原有国有企业代表手中，但是他们依然和当地的政府保持着紧密的联系（Qian，1995）。同时，这些公开发行的股份被销售给了中国大陆的投资者（A股）、中国香港的投资者（H股）和外国的投资者（B股）。由于这些上市公司直接或间接地受到政府的控制，所以我们依然称它们为国有上市公司。

非国有上市公司有两个来源。一方面，在经济改革的过程中，涌现了一大批私营企业，它们通过直接公开发行股票上市。另一方面，很多的国有上市公司通过两个阶段的私有化改革过程成为非国有上市公司（Green and House，2004）。在第一阶段，通过销售少数股份去获取交易上市；在第二阶段，国有上市企业股份从政府或是法人手中转移到了私人实体。通过这两个阶段的私有化，使得国有上市企业变成非国有上市企业。作为制度安排的结果，中国现存两种类型的公开上市企业，即国有上市企业和非国有上市企业。本章仅仅讨论上市企业，因此，我们将这两个类别的企业简称为"国企"（SOEs）和"非国企"（NSOEs）。

除了控制国有企业外，中国政府也控制了审计市场。伴随着经济改革的进程，1979年政府研究决定重建审计体制。在1988年，财政部（MOF）创立了中国注册会计师协会（CICPA）。随着1990年上海交易所和1991年深圳交易所的成立，政府意识到了对外部审计的需要。因此，一批被选中的会计师事务所获准审计公司上市。与政府监管和资本限制相适应地出现了三种类型的审计事务所：政府下属的会计师事务所、大学附属的会计师事务所、与国际会计师事务所合资形成的会计师事务所（即"合资所"）。为了提高审计师的独立性，在1997—1998年，中国注册会计师协会要求所有的会计师事务所与他们的主办者相分离，其中包括政府机关、国有机构和大学，这即为会计师事务所的"脱钩改制"。

中国政府控制审计市场的最为重要的手段是通过行业组织。中国注册会计师协会是管理和认证注册会计师（CPAs）的行业组织，它并不像一般的行业组织，而更像是财政部的一个部门，因为它的人事和财政预算由财政部管理。在中国，政府通过中国注册会计师协会对审计市场仍然保持一个较高水平的控制。中国注册会计师协会负责制定审计准则并监督它在履行、组织和管理全国的注册会计师考试和资格认证方面的事务，对会计师事务所和注册会计师执行年度检查及其他相关事务。政府除了通过中国注册会计师协会对会计师事务所施加影响外，地方政府和国有企业是审计师的主要客户，这就意味着他们能通过解除业务关系对审计师进行威胁。因此，中国政府也能通过控制会计师事务所的客户来控制审计市场。

第三节 文献综述

关于会计道德的规范研究发现，高管关联关系相当普遍，并且财务报告使用者高度关注这种关系可能会对审计独立性产生不利影响。这些早期的研究包括Imhoff（1978）、Firth（1981）、Schleifer and Shockley（1990）、Koh and Bartlett（1994）以及Kaplan and Whitecotton（2001）。

但是，新近的经验研究得出的结论不尽一致。一些研究表明，高管关联关系损害了审计质量和财务报告质量。Menon and William（2004）发现存在高管关联关系的公司（关联公司），有更高水平的盈余管理。Lennox（2005）检验了高管关联关系和审计质量之间的关系，发现存在关联关系的企业更可能收到标准审计意见。这就表明高管关联关系损害了审计师的独立性。相反，在另外一些研究中表明高管关联关系加强了内部控制和财务报告的监管。Naiker and Sharma（2009）发现高管关联关系和内控缺陷之间存在显著负相关，这说明高管关联关系会对内部控制行使更为有效性的监管。Geiger 等（2008）考察了公司聘任关联高管的市场反应，发现市场做出了积极的回应，并且这种积极的回应主要是由小企业所带来的。还有一些研究得出的结论依然不稳健。Dowdell and Krishnan（2004）发现有关联企业是否对盈余进行操控取决于盈余管理的衡量。Geiger 等（2005）没有找到高管关联关系会影响盈余管理的显著证据。以上所有关于高管关联关系影响审计质量的研究，都是基于"以规则为基础的经济体"，而基于"以关系为基础的经济体"关系经济下的研究非常缺乏。

中国公司的国有股权可能会影响审计质量，因为在政府控制的审计市场中，企业和政府的关系发挥了十分重要的作用。但是，有关国有股权影响审计质量的研究非常鲜见，并且结论也不尽一致。Wang and Zhao（2003）通过选取中国股票市场 1998—2001 年的样本，考察股权结构是否影响了审计意见的发表，他们发现国有企业比非国有企业更可能收到"非标准审计意见"。同样的，Han（2008）通过观察 2002—2004 年中国上市公司的数据，发现国有股权与收到标准审计意见的概率显著正相关。相反的，Liao and Wang（2008）利用 1998—2003 年中陷入财务困境的上市公司进行研究，发现国有企业比非国有企业更有可能收到持续经营审计意见。因此，国有股权与审计质量间的关系需要更深入的研究。

第四节　研究假设

高管与外部审计师间的关联关系实际上是公司可能和审计师之间存在某种联系。高管关联关系可能会削弱审计独立性是建立在行为假设上的。从这个角度来看，关联关系通过两种途径影响审计质量（Dowdell and Krishnan, 2004; Lennox, 2005）。首先，高管是审计组成员以前的同事，他们之间有私人关系，在这种情况下，审计师更可能相信他们以前同事的判断；其次，由于高管有审计经验，高管可能对会计师事务所的测试方法十分熟悉，能绕过这些测试。而且，审计师通常不愿意调整他们所熟悉的审计程序，这减少了问题被发现的可能性。由于审计报告反映了发现和报告问题的联合概率，关联公司更可能收到清洁审计意见。

高管关联关系对审计独立性的影响作用与 ISB（Independence Standards Board）规定的审计独立性概念框架[①]相一致。ISB（2000a）将审计独立性定义为"注册会计师不受外在压力及其他因素的影响而做出无偏审计决策的自主权"。ISB 将"熟悉"与"信任"认定为是影响审计独立性的两种主要因素。

前述的讨论显示高管关联关系可能通过几种途径影响审计质量，这些影响途径是否有效取决于公司的经营环境。已有文献表明，"以规则为基础"的经济中，关系能为公司带来诸多竞争优势，因而高管关联关系能帮助公司取得标准审计意见。中国一直被认定为是"以关系为基础的经济体"，与"以规则为基础的经济体"相比，关系对企业的成功显得更为重要。这表明，在中国，高管关联关系对公司取得标准审计意见起着重要作用。

基于高管关联关系的作用和中国社会关系的属性，我们提出了本章的第一个假设。

H1：有关联关系的公司比没有关联关系的公司更容易收到标准审计意见。

基于政府和国有企业间的内在联系，政府有很强烈的动机支持国有企业，原因有三。首先，作为公司股东，政府期望企业经营得更好以获取最大的回报。其次，政府需要国有企业履行一些特别的社会责任。比如 Boycko 等（1996）发现国有企业通常会负担额外的雇员来减少失业，而此类社会责任在一定程度上会减少企业价值，这时，政府通常会为国有企业提供财政和行政支持，进而弥补国有企业由于履行社会责任而带来的损

[①] 1997 年美国注册会计师协会（AICPA）和证券交易委员会（SEC）组建了 ISB，旨在推行及时、彻底、公开的审计师独立性问题的研究，鼓励公众参与建立和完善上市公司的独立审计准则。从 1999 年开始，截至 2010 年，SEC 修订了若干审计师独立性的相关制度。就在 ISB 使得独立性制度现代化、发展概念框架指引独立性准则的制定方面取得实质性进步时，很多人都质疑为什么项目来自 ISB（Independence Standards Board, The CPA Journal, April 1, 2001）。

失。最后，由于企业成功上市，它为所在区域带来了更多的资源，当地政府领导也有动机支持国有企业（Kornai，1993；Qian，1994）。这些支持能够增强当地政府领导的政治资本，增加他们的晋升机会（Li and Zhou，2005）。

政府支持国有企业的形式之一就是帮助国有企业获得标准审计意见。由于审计意见反映了审计师对企业财务报表是否真实、公允地反映了企业财务状况、经营绩效以及现金流量的职业判断，公司管理层有强烈的动机去获取标准审计意见。因为非标准审计意见传递了管理层不道德的职业行为，有损公司和管理层的声誉，也会增加企业被监管检查的可能性，从而增加公司的经营成本。此外，非标准审计意见也会对国企高管的政治前途产生深远影响。

当外部审计师不同意国有企业财务报告而要出具非标准审计意见时，管理层便会寻求政府支持。政府通过两种途径对会计师事务所施压。首先，由于中国注册会计师协会受财政部管辖，政府继续保持对会计师事务所的高度控制。在这种情形下，政府通过中国注册会计师协会（CICPA）对会计师事务所施加各种影响，如制定审计准则、监督准则的执行、组织注册会计师考试和资格认证，以及对会计师事务所和注册会计师进行年审等。其次，由于政府和国有企业是事务所的主要客户，政府与国有企业通过解除业务关系来威胁会计师事务所（Wang等，2008）。因此，在政府主导的市场中，事务所更加倾向于迎合政府的利益，为国有企业出具标准审计意见[①]。据此提出第二个假设。

H2：国有企业比非国有企业获得标准审计意见的概率更高。

在"以关系为基础"的中国经济中，国有股权与高管关联是企业关系的两种重要形式。国有股权是公司经营层面的正式关系，而高管关联是个人层面的非正式关系。许多研究发现，正式和非正式关系存在替代效应（Dunfee and Warren，2001；Molz and Wang，2006；Xin and Pearce，1996）。根据它们对审计质量的影响机理，在取得标准审计意见中，国有股权与高管关联关系起着相似的作用。

---

① 为了确保国有企业收到标准审计意见，政府与审计师合谋，这并不意味着中国政府不想去发展高质量的审计职业。高质量的审计职业是资本市场发展的根本问题，政府也认可这一点。但是，政府对国有企业的支持和发展高质量的审计职业需求是两个相反的目标。在这方面总会有一些取舍，这也是为什么政府只支持部分而非全部国有企业的理由。

在中国，国有企业受政府保护，国有企业收到非标准审计意见的概率很低，这归因于国有股权的作用。因此，国有企业不需要利用高管关联来降低获得非标准意见的概率。那么，国有企业不会像非国有企业那样，为了获取标准审计意见而聘请有关联关系的高管。即使国有企业聘请有关联关系高管，其目的也不是为了增加获得标准审计意见的概率。因此，高管关联关系对于国有企业获得标准审计意见的作用很小，因为国有企业主要通过国有股权来增加获得标准审计意见的概率。相应地，非国有企业没有政府提供的制度保护，非国有企业高管倾向于在他们的商业伙伴之间建立紧密的私人关系，以代替正式的政府制度保护。尽管中国所有的高管都会使用其私人关系，但是对缺乏政府保护的私营企业来说，高管利用私人关系更为重要。因此，相对国有企业而言，高管关联关系对非国有企业的影响更大。由此提出第三个假设。

H3：高管关联关系对非国有企业审计质量的影响比国有企业更大。

第五节 实证模型

本章的研究目的是为了检验关系对审计质量的影响。然而，曾经是审计师的高管有很多会计职业领域的特有知识，这会提升财务报告质量，增加收到标准审计意见的概率。而识别没有事务所经历的高管对于我们来说非常困难。如果一个公司没有报告他们高管的审计工作经历，公司实际上可能确实没有高管曾经是审计师，但是也有可能是高管曾经是审计师而其简历中没有显示这一特征。为了控制知识对审计意见的作用，我们只使用了可以辨别高管曾经是审计师的样本。然后比较了存在高管关联关系的公司和没有这种关联关系的公司收到非标审计意见的概率。

为验证假设 H1、H2 和 H3，我们建立了以下方程：

$$Opinion = \alpha_0 + \alpha_1 \cdot Affiliation + \alpha_2 \cdot State + \alpha_3 \cdot Affiliation \cdot State + \alpha_4 \cdot Size + \alpha_5 \cdot CR + \alpha_6 \cdot ROA + \alpha_7 \cdot Cash + \alpha_8 \cdot Dual + \alpha_9 \cdot Afirm + \varepsilon \quad (1)$$

其中，$Opinion$ 是衡量审计质量的虚拟变量，与 Lennox（2005）的研究一致，我们采用审计意见来衡量审计质量，以避免采用盈余管理衡量时的测量误差。非标准审计意见的概率越高，审计质量越高。借鉴 Chen 等（2001）的研究，非标审计意见包括带强调事项段的无保留审计意见、保留意见、否定意见以及拒绝或无法表示意见。如果公司收到标准审计意见，则该变量为1，相反则为0；在中国，有五种类型的审计意见，包括不带强调事项段的无保留审计意见、带强调事项段的无保留审计意见、保留意见、否定意见以及拒绝或无法表示意见，只有不带强调事项段的无保留审计意见才是标准审计意见[①]。

Affiliation 是衡量高管关联关系的哑变量。如果公司聘请了具有关联关系的首席执行官、首席财务执行官、高级执行副总裁以及董事会成员时，该变量取值为1，否则为0。我们手动收集了高管简历并且对关联关系进行了辨认。高管的简历来自样本公司的年度报告和新浪财务数据库等。简历中的信息包括高管的性别、年龄、教育以及现在和以前的职业。我们仔细研读了这些简历，找出了有会计师事务所工作经历的高管。如果公司有高管曾经或现在在公司当前聘请的会计师事务所工作，则判定公司有关联关系，否则为无关联关系。

State 是衡量上市公司国有控股的哑变量。如果最终控制人为国家或是地方政府，并且其持有的股份超过总股数的1/3[②]，那么该变量取值为1，否则为0。最终控制人是那些有公司选举权而其股份不受其他任何人控制的所有者。在中国，上市公司通常通过一个金字塔式的结构形成控制链，最终控制人和下游的上市公司之间至少存在一个公司节点。因此，如果一个实体直接或者通过多个金字塔层级间接拥有上市公司的股份，我们将其认定为终极控制人，并计算它所拥有的上市公司股份。色诺芬数据库从1998年开始，提供了最终控制人的类型和持股上市公司的数量。

方程（1）中，系数 α_1 代表有关联关系与没有关联关系的公司收到的

---

① 持续经营意见被认为是不清洁的审计意见。在中国，有五种类型的审计意见，包括不带强调事项段的无保留审计意见、带强调事项段的无保留审计意见、保留意见、否定意见以及拒绝或无法表示意见，除了第一种被认为是清洁审计意见以外，其他四种都被认为是不清洁的审计意见，都需要在审计报告当中予以说明。一些公司报告中的解释说明可以包括公司未来持续经营意见，特别是那些有严重财务问题的公司。但是大部分的公司报告中的解释说明没有包括持续经营意见。因此，在中国，持续经营意见通常包含在那四种不清洁的审计意见中，而不是作为一种独立的审计意见给出。大部分有关中国审计意见的研究都是将其区分为前述的五种类型（如 Chen 等, 2000, 2001; DeFond 等, 2000; Gul 等, 2009; Haw 等, 2003; Ting 等, 2008）。只有 Liao and Wang (2008) 的研究是个例外，它着重研究了财务危机公司，并且明确地检验了持续经营意见。

② 当上市公司政府持股超过1/4、1/5时，我们将其定义为国有企业，并进行了稳健性检验，其结果没有实质性的差异。

审计意见的差异；如果 α_1 显著为负，可以认为具有高管关联关系的公司比没有关联关系的公司收到非标准审计意见的概率要低。根据假设 H1，我们预期模型中系数 α_1 显著为负；系数 α_2 代表国有企业与非国有企业收到非标审计意见的差异，如果系数 α_2 显著为负，则表示国有企业比非国有企业收到非标准审计意见的概率更低，根据 H2，我们预期模型中系数 α_2 显著为负；系数 α_3 表示高管关联关系与国有股权对审计意见的联合作用，根据假设 H3，非国有企业高管关联关系对审计质量的影响要强于国有企业，因此系数 α_3 预期显著为正。

基于已有的研究，我们还控制了公司规模（Size）、流动比率（CR）、盈利能力（ROA）、经营现金流（Cash）、公司总经理和董事长或副董事长由同一人兼任即为两职合一（Dual）及会计师事务所类型（Afirm）。Size 是公司年末总资产的对数。CR 则为公司年末流动比率，是年末流动资产比流动负债。ROA 是税前利润比公司年末总资产。Cash 是经营活动现金流比公司年末总资产。Dual 是一个虚拟变量，当公司总经理兼任董事长或副董事长时，Dual 为 1，否则为 0。Afirm 也是一个虚拟变量，如果审计公司的会计师事务所是"四大"，Afirm 为 1，否则为 0。

第六节 样本选择

我们的样本是 1998—2007 年间的上市公司，共 13566 个观测值，来源于色诺芬数据库。在此基础上，我们删除了 2314 个国有股权信息缺失值和 24 个关键财务变量缺省的观测值。我们还剔除了 8180 个没有披露高管简历的样本。最终得到有关联和没有关联的观测样本 3048 个。除了手工收集高管关联关系的数据以外，所有其他的数据均来自色诺芬数据库。我们在三个标准差范围内 winsorize 了所有变量。

表 3-1 报告了样本分布。从中可以看出，样本观测值的数量呈现逐年增长趋势，从 1998 年的 10 个增加到 2007 年的 581 个。这与中国股票市场的发展特征是一致的。国有企业和非国有企业中关联的样本分别占 15.48%［196/（1070 + 196）］和 13.58%［242/（1540 + 242）］。但是，当我们的样本包括那些没有聘任任何审计工作经历高管的公司时，国有企业的样本为 5552 个，非国有企业样本量为 5676 个。在此情况下，关联公司在国有企业和非国有企业中所占的比例分别为 3.53%（196/5552）

和 4.26%（242/5676）。Panel B 报告了审计意见类型的样本分布。非标审计意见的平均比例是 11%。Panel C 显示大部分有审计工作经历的高管是公司的董事会成员（2620 个），10%以上的高管是首席财务执行官或财务总监（341/3048）。

表 3-1　样本分布

年份	1998	1999	2000	2001	2002	2003	2004	2005	2006	2007	Total
Panel A：样本年度分布											
合计	10	18	28	61	273	425	544	549	559	581	3048
无关联非国企	5	3	8	23	112	185	262	274	307	361	1540
关联非国企	3	2	3	6	21	30	41	42	48	46	242
无关联国企	1	9	12	26	120	176	200	196	178	152	1070
关联国企	1	4	5	6	20	34	41	37	26	22	196
Panel B：审计意见类型分布											
标准审计意见	8	16	27	57	239	400	467	469	495	535	2713
非标审计意见	2	2	1	4	34	25	77	80	64	46	335
非标审计意见比例	0.200	0.111	0.036	0.066	0.125	0.059	0.142	0.146	0.114	0.079	0.110

高管职位	财务总监	其他高级管理人员	董事会成员	总经理	合计
Panel C：高管关联关系的职位分布					
无关联非国企	177	31	1327	5	1540
关联非国企	70	23	149	0	242
无关联国企	61	14	995	0	1070
关联国企	33	14	149	0	196
合计	341	82	2620	5	3048

第七节　实证结果

表 3-2 报告了样本的描述性统计。Panel A 显示全样本的描述性统计，而 Panel B 到 Panel E 分别提供了无关联非国企、关联非国企、无关联国企和关联国企子样本的描述性统计结果。在全样本中，*Opinion* 的均值为 0.1099，表明 10%的样本公司收到了非标审计意见。平均公司规模（*Size*）

是 21.1269，流动比率（*CR*）平均为 1.4381。*ROA* 的均值为 0.0162，最大值为 10.0571，最小值为 -10.0081，这说明公司间的盈利能力存在较大的差异。*Cash* 的最大值和最小值分别为 0.3571 和 -0.2680，可以看出一些公司有经营活动现金净流出，而另外一部分公司有经营活动现金净流入。*Dual* 和 *Afirm* 的均值分别为 0.0850 和 0.0768，这表明全样本中 8.5% 的公司首席执行官兼任了董事长或副董事长，7.68% 的公司由 "四大" 会计师事务所审计。当我们将样本分为无关联非国企、关联非国企、无关联国企和关联国企四个部分时，可以看出四个子样本有相似的财务特征。

表 3-2 描述性统计

	均值	中位数	标准差	最小值	最大值
Panel A：全样本（$n=3048$）					
Opinion	0.1099	0.0000	0.3128	0.0000	1.0000
Size	21.1269	21.0713	1.0014	18.1047	24.1501
CR	1.4381	1.2133	0.9566	0.0011	4.7086
ROA	0.0162	0.0348	0.4279	-10.0081	10.0571
Cash	0.0454	0.0470	0.0846	-0.2680	0.3571
Dual	0.0850	0.0000	0.2789	0.0000	1.0000
Afirm	0.0768	0.0000	0.2663	0.0000	1.0000
Panel B：无关联非国企（$n=1540$）					
Opinion	0.1481	0.0000	0.3553	0.0000	1.0000
Size	20.9146	20.8860	0.9864	18.1047	24.1501
CR	1.3994	1.1920	0.9469	0.0011	4.7086
ROA	-0.0013	0.0317	0.5692	-10.0081	10.0571
Cash	0.0387	0.0408	0.0892	-0.2680	0.3570
Dual	0.0864	0.0000	0.2810	0.0000	1.0000
Afirm	0.0604	0.0000	0.2383	0.0000	1.0000
Panel C：关联非国企（$n=242$）					
Opinion	0.0620	0.0000	0.2416	0.0000	1.0000
Size	21.0592	20.9810	0.8338	19.2111	23.4445

续表

	均值	中位数	标准差	最小值	最大值
CR	1.4614	1.2573	0.9427	0.1361	4.7086
ROA	0.0303	0.0418	0.1144	−1.4205	0.1798
Cash	0.0441	0.0410	0.0708	−0.2209	0.3055
Dual	0.0950	0.0000	0.2939	0.0000	1.0000
Afirm	0.0744	0.0000	0.2629	0.0000	1.0000
Panel D：无关联国企（$n=1070$）					
Opinion	0.0720	0.0000	0.2585	0.0000	1.0000
Size	21.3725	21.3015	1.0105	18.4728	24.1501
CR	1.4888	1.2490	0.9695	0.0300	4.7086
ROA	0.0358	0.0373	0.2238	−6.3377	2.5147
Cash	0.0532	0.0544	0.0800	−0.2680	0.3570
Dual	0.0776	0.0000	0.2676	0.0000	1.0000
Afirm	0.1028	0.0000	0.3038	0.0000	1.0000
Panel E：关联国企（$n=196$）					
Opinion	0.0765	0.0000	0.2665	0.0000	1.0000
Size	21.5379	21.5482	0.8195	19.7344	24.1501
CR	1.4366	1.1730	0.9712	0.1871	4.7086
ROA	0.0300	0.0397	0.0911	−0.5069	0.2072
Cash	0.0564	0.0554	0.0841	−0.2680	0.3570
Dual	0.1020	0.0000	0.3035	0.0000	1.0000
Afirm	0.0663	0.0000	0.2495	0.0000	1.0000

表3-3比较了不同类型公司收到非标审计意见概率的差异。无关联非国企、关联非国企、无关联国企和关联国企收到非标审计意见的概率分别为0.1481、0.0620、0.0720和0.0765。无关联非国企与其他三个子样本间收到非标审计意见概率的差异分别为0.0861、0.0761和0.0716，这些差异均在1%水平上显著。这说明在四个样本群中，无关联非国企最可能收到非标审计意见，因为它既没有国有股权关系，也缺乏存在关联关系的高

管。关联非国企和无关联国企收到非标审计意见的概率较为相似,说明国有股权和高管的关联关系对审计意见有相似的作用。关联非国企和关联国企、无关联非国企和关联国企,收到非标审计意见的概率没有显著的差异。这表明国有股权和高管关联关系对这两组样本公司收到非标审计意见的概率没有影响。这些结果和我们的假设是一致的,国有企业更可能收到标准审计意见,高管关联关系增加了获取标准审计意见的概率。

表 3-3　　　　　不同样本群收到的非标审计意见概率差异比较

	比例差异	Z 值
无关联非国企—关联非国企	（0.1481—0.0620）0.0861	3.71***
无关联非国企—无关联国企	（0.1481—0.0720）0.0761	6.06***
无关联非国企—关联国企	（0.1481—0.0765）0.0716	2.79***
关联非国企—无关联国企	（0.0620—0.0720）-0.0100	-0.58
关联非国企—关联国企	（0.0620—0.0765）-0.0145	-0.60
无关联国企—关联国企	（0.0720—0.0765）-0.0045	-0.21

注:***、**、*分别代表1%、5%和10%水平上显著。

表 3-4 提供了变量间的相关系数。$Opinion$ 和 $Affiliation$ 的相关系数显著为负,说明关联公司比非关联公司收到非标审计意见的可能更少。$Opinion$ 和 $State$ 也显著负相关,这意味着国有企业收到非标审计意见可能性更小。这些结果支持了假设 H1 和 H2。其他变量间的相关系数也合理,且与直觉相符。比如大公司收到非标审计意见的可能较少,而更可能由"四大"所审计,其盈利能力更强,经营活动现金流更多。

表 3-4　　　　　　　　　　　相关系数

	$Opinion$	$Affiliation$	$State$	$Size$	CR	ROA	$Cash$	$Dual$	$Afirm$
$Opinion$		-0.0542***	-0.1004***	-0.2202***	-0.1911***	-0.1697***	-0.1690***	-0.0055	-0.0265
$Affiliation$	-0.0542***		0.0267	0.0600***	0.0052	0.0133	0.0205	0.0194	-0.0092
$State$	-0.1004***	0.0267		0.2283***	0.0376**	0.0368**	0.0832***	-0.0109	0.0645***
$Size$	-0.1849***	0.0666***	0.2231***		-0.1069***	0.0913***	0.1301***	0.0085	0.3471***
CR	-0.2537***	0.0038	0.0384**	-0.0925***		0.0995***	0.0348*	0.0394**	0.0289
ROA	-0.3153***	0.0376**	0.0609***	0.1522***	0.3491***		0.0805***	0.0064	0.0252
$Cash$	-0.1739***	0.0168	0.0980***	0.1465***	-0.0129	0.3573***		0.0241	0.0572***

续表

	Opinion	Affiliation	State	Size	CR	ROA	Cash	Dual	Afirm
Dual	-0.0055	0.0194	-0.0109	0.0030	0.0433**	-0.0015	0.0216		-0.0083
Afirm	-0.0265	-0.0092	0.0645***	0.2827***	0.0172	0.1104***	0.0767***	-0.0083	

注：***、**、*分别代表1%、5%和10%水平上显著。

表3-5报告了回归的结果。在全样本回归模型中，Affiliation 的回归系数 α_1 为 -0.7907，并且在1%水平上显著。这说明关联公司较非关联公司收到非标审计意见的可能性更小。State 的回归系数 α_2 为 -0.4423，也在1%水平上显著，表明国有企业较非国有企业收到非标审计意见的概率更小。而两者交叉项的系数 α_3 是 1.0313，在5%水平上显著。这个结果说明非国有企业中高管关联关系的作用比国有企业的大。

为了更加清楚地描述国有企业和非国有企业高管关联关系对审计质量的作用，我们分样本回归了 Affiliation 和 Opinion。在非国有企业样本中，Affiliation 的回归系数显著为负，而在国有企业样本中它的系数不显著。这些结果表明高管关联关系减少了非国有企业收到非标审计意见的可能性，但是对国有企业来说却没有明显的作用。这意味着非国有企业中高管关联关系的作用比国有企业的大。

表3-5　　　　　　　　　　回归结果

	全样本		国企子样本		非国企子样本	
	系数	Wald χ^2	系数	Wald χ^2	系数	Wald χ^2
Intercept	13.5310	77.04***	3.6153	1.37	15.7818	69.86***
Affiliation	-0.7907	7.32***	-0.0699	0.04	-0.7600	6.50**
State	-0.4423	8.10***				
State·Affiliation	1.0313	5.90**				
Size	-0.6873	85.00***	-0.2832	3.99**	-0.7841	72.44***
CR	-1.1414	92.53***	-0.3694	4.44**	-1.3864	82.89***
ROA	-0.5472	5.59**	-7.6291	32.90***	-0.3834	6.54**
Cash	-5.8237	55.53***	-2.2603	2.14	-6.7325	49.50***
Dual	0.2651	1.32	0.1839	0.20	0.3055	1.14
Afirm	0.7304	6.89***	0.7389	3.25*	0.4898	1.41

	全样本		国企子样本		非国企子样本	
	系数	Wald χ^2	系数	Wald χ^2	系数	Wald χ^2
R^2	0.136		0.081		0.184	
Max-rescaled R^2	0.273		0.199		0.336	
Obs.	3048		1266		1782	

注：***、**、* 分别代表1%、5%和10%水平上显著。

控制变量的系数也是合理的。同 Lennox（2000，2005）相一致的是，*Size* 的系数显著为负，这说明大公司更可能游说会计师事务所，有较少的可能收到非标审计意见。相似的，*CR*、*RAO* 和 *Cash* 的系数均显著为负，分别与 DeFond 等（2002）、Lennox（2005）和 Firth 等（2007）的结果相同。较高的流动比率、较好的盈利能力和较大的经营活动现金流意味着较低的业务风险。*Afirm* 显著为正的系数说明"四大"会计师事务所的审计质量高于其他事务所。这个结果验证了 Chen 等（2001）和 Firth 等（2007）的结论。*Dual* 的系数不显著。

第八节 稳健性检验

在上述回归中，如果公司最终控制人是国家或地方政府，并且其持股比例超过1/3，我们将其定义为国有企业。现在，我们重新定义了国有企业，公司最终控制人是国家或地方政府，并且其持股比例超过1/4、1/5的，定义为国有企业，并重新回归了方程（1），其结果报告在表3-6的 Model 1 和 Model 2 中。两个方程中 *Affiliation* 和 *State* 的回归系数依然显著为负，而二者的交互项的系数均显著为正。这些结果说明国有股权和高管关联关系都会增加收到标准审计意见的概率，而非国有企业高管关联关系的作用强于国有企业。

我们再次将国有股权虚拟变量 *State* 替换为一个连续变量，令其为国有股份所占总股份的比例。再次重复了方程（1）的回归过程，结果见 Model 3。*Affiliation* 和 *State* 的回归系数仍然显著为负，交互项的系数显著为正，这个结果与 Model 1 和 Model 2 的回归结果一致。

表3-6　　　　　　　　　　稳健性检验回归结果

	Model 1		Model 2		Model 3	
	系数	Wald χ^2	系数	Wald χ^2	系数	Wald χ^2
Intercept	13.0208	70.74***	12.8163	68.46***	13.5615	77.81***
Affiliation	-0.7070	5.29**	-0.6889	4.96**	-0.7894	5.26**
State	-0.5340	12.50***	-0.6145	17.09***	-0.7021	5.79**
State·Affiliation	0.7547	3.16*	0.7012	2.73*	1.4919	2.70*
Size	-0.6604	77.59***	-0.6489	74.81***	-0.6874	85.13***
CR	-1.1462	93.07***	-1.1417	92.38***	-1.1478	93.37***
ROA	-0.5372	5.53**	-0.5340	5.50**	-0.5551	5.60**
Cash	-5.7857	54.67***	-5.7508	54.11***	-5.7755	54.62***
Dual	0.2525	1.20	0.2469	1.14	0.2619	1.29
Afirm	0.7288	6.83***	0.7124	6.52**	0.6952	6.25**
R^2	0.137		0.138		0.135	
Max-rescaled R^2	0.274		0.277		0.271	
Obs.	3048		3048		3048	

注：***、**、*分别代表1%、5%和10%水平上显著。

上述回归分析中，我们只是用公司聘任了有会计师事务所工作经历的样本来控制知识的作用。现在我们将那些没有报告高管工作经历的样本公司纳入进来，并令一个没有会计专门知识的哑变量来控制这种效应，回归的结果没有改变。

上述分析我们对超过均值三个标准差范围的变量进行了winsorize奇异值处理。现在我们对样本的上1%和下1%分位的观测值进行了winsorize处理，重复了上述的归回过程，回归结果没有发生实质性的变化。

第九节　研究结论及贡献

本章为关系是否削弱了审计质量提供了经验证据。在"以关系为基础的经济体"中，国有股权和高管关联关系削弱了审计质量。我们的研究结果发现，国有股权和高管关联关系增加了公司获得标准审计意见的概率，并且非国有企业高管关联关系带来的标准审计意见的概率的增量大于国有企业。这说明国有股权和高管关联关系是削弱审计独立性的两种重要关系形式，相比国有企业，高管关联关系对非国有企业更为重要。

　　本章的贡献在于：(1) 从公司所有权的视角研究了"以关系为基础的经济体"中高管关联关系的作用，补充了这类文献。(2) 在考察国有股权对审计质量的影响时，使用了一个较长时间窗口的样本，并控制了知识的作用。(3) 我们的研究结果对监管者和投资者也有价值。为了避免公司丑闻，监管者应该更加注重审计师与客户之间的关系。建立在公司层面的国有股权和私人层面的高管关联关系是应监管的重要关系形式。本章的研究也告诉投资者，对不同国有股权性质和关联关系的企业，其审计意见也应该区别对待。

第四章 会计师事务所关联、审计任期与审计质量

第一节 引言

审计质量是审计研究的核心议题，审计任期①对审计质量的影响一度成为研究的热点。然而，影响审计质量的原因是多方面的。近些年来，人们逐渐开始关注高管会计师事务所关联（以下简称"事务所关联"）与审计质量之间的关系，这主要源于"安然事件"（Enron）等大型公司财务丑闻的发生。美国在"萨班斯法案"中规范了有关"事务所关联"的行为。"事务所关联"是审计客户的现任高管（包括董事、监事和高级管理人员）曾经（现在）在当前聘任的会计师事务所工作，这可能会导致审计独立性的妥协（Dowdell and Krishnan, 2004; Lennox, 2005; Menon and Williams, 2004），增加审计客户与会计师事务所合谋的可能性。"萨班斯法案"同样对于审计合伙人轮换以及强制轮换会计师事务所也作了相应的规定，其目的也在于维护审计独立性，因为随着审计任期的延长，审计师可能会与审计客户的相关人员（尤其是高管之间）建立起越来越密切的关系，这也会增加审计师与客户相互勾结的可能性。

受到"萨班斯法案"的影响，2003 年，中国证监会和财政部发布《关于证券期货审计业务签字注册会计师定期轮换的规定》，要求自 2004 年 1 月 1 日起，签字注册会计师或审计项目负责人连续为某一相关机构提供审计服务，不得超过五年。2004 年初财政部发布《关于改进和加强企业年度会计报表审计工作管理的若干规定》，其中第十四条规定："为同一企业连续执业五年的签字注册会计师，企业应当要求会计师事务所予以更换。"该规定适用于境内除特殊行业企业以外的各类国有及国有控股的非

---

① 审计任期包括审计师任期、会计师事务所任期等，在本章的概述及文献部分不作严格区分，在研究设计及实证部分主要指的是会计师事务所任期。

金融企业。国务院国有资产管理委员会自2004年起也发布了诸多文件①，开始强制央企轮换会计师事务所，规定事务所的服务期限也不能超过五年。但是，针对事务所关联的行为并没有明确的相关法规予以限制，而由事务所关联引发的事件已经出现②，因此，事务所关联行为也应该引起相关部门的高度重视，而在当前研究事务所关联、审计任期与审计质量的关系问题上也有很强的现实意义。

目前，有关审计任期与审计质量的文献主要认为，随着审计任期的延长，审计师的专业能力得到加强，因此可以提升审计质量；另外一种观点则认为，长审计任期会影响到审计师的独立性，进而会损害审计质量。以美国审计市场为背景的经验研究主要支持前一种观点。这些研究一方面没有考虑到高管事务所工作背景可能对审计质量带来的影响；另一方面也没有区分存在和不存在事务所关联条件下，审计任期与审计质量的关系。而有关事务所关联的研究也主要关注关联关系对审计质量的影响。"萨班斯法案"颁布以后，一些档案研究分别从审计意见和盈余管理两个角度检验了事务所关联是否会损害审计质量，其证据是不确定的。但是，关于关联关系市场反应的研究结论，以及在公司审计委员会任职的关联合伙人与内控缺陷之间关系的研究结果并不支持"萨班斯法案"对事务所关联行为的限制。这些有关事务所关联的文献并未考虑到这种关联关系对审计任期的作用。

基于以上原因，本章研究了高管会计师事务所关联对审计任期（事务所任期）和审计质量的影响，以及事务所关联存在和不存在的条件下审计

---

① 国务院国有资产管理委员会《关于开展2005年度中央企业财务决算统一委托审计工作的通知》、《中央企业财务决算统一委托审计管理办法》（评价函〔2005〕224号）、《统一委托审计通知书》（评价函〔2005〕249号）、《中央企业财务决算报告管理办法》、《关于开展2006年度中央企业财务决算统一委托审计工作的通知》（国资厅发评价〔2006〕48号）、《关于中央企业2006年度财务决算审计备案的通知》（评价函〔2006〕141号）、《中央企业财务决算审计工作细则》、《关于开展2007年度中央企业财务抽查审计工作的通知》（国资厅发评价〔2007〕84号），以及部分下属国资厅《关于加强中央企业财务决算审计工作的通知》（评价〔2005〕43号）等有关文件。

② 2008年7月21日，中国证监会上海稽查局发布公告，寻找"华夏建通"（上交所代码：600149）原财务总监，要求该财务总监配合上海稽查局调查"华夏建通"涉嫌违反证券法律法规的行为。根据媒体的推测，该财务总监曾经作为"华夏建通"聘任会计师事务所的审计组成员，直接参与完成了"华夏建通"的审计报告。2009年9月，该公司收到了中国证监会《行政处罚及市场禁入事先告知书》（处罚字〔2009〕25-1号）。

任期与审计质量的关系。实证的结果表明，有事务所关联的公司更可能收到标准审计意见，从而说明事务所关联降低了审计质量；同时，事务所关联关系的存在延长了审计任期，即存在事务所关联的公司比没有事务所关联的公司与事务所合作的时间更长。在有事务所关联的公司和没有事务所关联的公司中，审计任期与审计质量之间的关系不同，进而说明有事务所关联公司的审计质量并不取决于审计任期，而是由事务所关联本身的影响所造成的。

本章的贡献体现在：（1）在中国的市场环境下考察了事务所关联对审计任期的延长作用，在区分是否存在事务所关联条件下，研究了审计任期与审计质量的关系，丰富了在高管会计师事务所关联和审计任期方面的文献。（2）在事务所关联存在的情况下，审计任期对审计质量并无显著影响，表明对审计质量的负面影响并不取决于审计任期的长短，而是由事务所关联本身的影响所造成的，从而为理解中国市场环境和制度背景下审计任期与审计质量之间的关系提供了新的经验证据。（3）以存在具有事务所工作背景高管的上市公司作为研究样本，排除了高管的事务所工作经验对审计质量造成的正面影响对研究事务所关联与审计质量之间关系可能带来的噪声，弥补了现有文献的不足。

本章第二节为文献回顾与评论，第三节为样本选择与描述统计，第四节为检验结果，最后为研究结论。

第二节 文献回顾与评论

已有的文献主要分别从事务所关联和审计任期两个方面考察了它们对审计质量的影响，但是并没有揭示事务所关联对审计任期的作用，以及在事务所关联条件下审计任期与审计质量的关系问题。

一 审计任期与审计质量

早在"萨班斯法案"颁布以前，美国的学者和监管部门就已经注意到了审计任期与审计质量的关系。之后，围绕二者之间的关系及是否需要强制审计轮换的争议不断出现。两种对立的主张是，长任期会损害审计独立性并进而损害审计质量，另外一类观点则认为长审计任期情况下的审计质量反而更高。但是，这些以美国审计市场为主的实证研究主要找到了长审计任期能够提高审计质量的证据，而没有发现长审计任期对审计质量的损害作用。如 Geiger and Raghunandan（2002）利用 1996—1998 年间破产的美国公司为研究样本，检验了这些公司破产之前的审计意见与审计任期的关系，发现短审计任期公司审计失败的可能性更大，即在长审计任期情况下审计质量可能更高。Johnson 等（2002）以非预期应计利润的绝对值和应计利润的持续性来衡量公司财务报告质量，考察了审计任期与公司财务报告质量的关系，最终发现，同 4—8 年的审计任期相比，2—3 年的审计任期公司的财务报告质量更低，而在 9 年及以上的长审计任期情况下，公司财务报告质量并没有下降。从而说明，长审计任期没有损害审计质量。Mansi 等（2004）考察了审计质量、审计任期两个事务所特征与公司负债融资成本之间的关系，其实证结果表明，审计质量、审计任期与负债融资成本显著负相关，并且在发行非投资级债券的公司中这种关系更为显著。最终说明，投资者并不认为长审计任期会损害审计质量，而是恰恰相反。Myers（2003）以及 Ghosh and Moon（2005）的研究也发现，审计任期与审计质量（盈余管理）之间呈显著正相关关系。以上这些研究没有考虑到高管事务所工作背景可能对审计质量带来的影响，因为具有事务所工作经历的高管可以利用其专业知识，帮助公司提高财务报告质量，从而使得这些公司的审计报告质量得以提升。

针对中国审计市场，陈信元和夏立军（2006、2005）分别利用盈余管理和审计意见类型来衡量审计质量，考察审计任期对审计独立性、审计质量的影响，但是没有找到审计任期损害审计独立性的证据，反而也支持了长审计任期情况下的审计质量反而更高的论断。但是，余玉苗和李琳（2003）的分析认为，在长审计任期情况下，既存在损害审计质量的因素，也存在提高审计质量的因素，因此不能简单地得出审计任期的延长会提高或是降低审计质量的结论。刘启亮（2006）关于事务所任期与审计质量（盈余管理）关系的研究发现，在正向盈余管理的子样本中两者存在"倒 U"型关系，而在总样本中，两者显著正相关，即事务所任期越长，上市公司盈余管理程度越大。罗党论和黄旸杨（2007）也找到了长审计任期会损害审计质量的证据，他们发现在会计师事务所自愿性变更的情况下，会计师事务所任期的增加会加重上市公司的盈余管理程度。同样这些研究也没有考虑高管事务所工作背景对审计质量造成的影响。

以上研究的一个共同前提是，在没有引入其他私人关系时，通过较长的审计任期,审计客户的高管可以同审计师或事务所之间建立一种良好的关系,这种关系会损害审计师的独立性,进而影响审计质量。但是,如果有其他的私人关系介入时,比如事务所关联关系的存在,审计任期与审计质量的关系可能是一种表象作用,而真正影响审计独立性、审计质量的是事务所关联关系,但同时,这种事务所关联关系的存在也会延长审计任期。因此,无论是针对美国审计市场的研究,还是在中国特有的制度背景下考察的审计任期同审计质量之间的关系,都没有考虑到事务所关联关系对审计任期的延长作用,也没有区分存在和不存在事务所关联条件下,深入地考察审计任期与审计质量的关系问题。

二 事务所关联与审计质量

有关事务所关联经验性的研究始于"萨班斯法案"的颁布,主要从审计意见和盈余管理两个角度检验事务所关联对审计质量产生的影响。Lennox(2005)从审计意见的角度研究了事务所关联与审计质量的关系,发现存在事务所关联的公司收到"非标准审计意见"(以下简称"非标意见")的概率更小,从而说明审计质量被削弱了,她的研究支持了"萨班斯法案"的相关条款。Dowdell and Krishnan(2004)、Geiger 等(2005)、Geiger and North(2006)以及 Menon and Williams(2004)等的研究则主要检验了事务所关联对盈余管理的影响,但是事务所关联是否削弱了审计质量,其证据仍然是不确定的。而 Geiger 等(2008)还研究了从会计师事务所雇佣财务、会计负责人的市场反应。Naiker and Sharma(2009)考察了公司审计委员会任职的关联合伙人与内控缺陷之间的关系。但是,Geiger 等(2008)和 Naiker and Sharma(2009)的研究结论并不支持"萨班斯法案"对事务所关联行为的限制。就是否支持"萨班斯法案"对事务所关联行为的限制,这些针对美国审计市场的研究也没有得出一致的结论。在中国独特的制度背景下,Liu(2011)研究了事务所关联与审计费用的关系,其实证结果表明,首次事务所关联导致了初始审计定价折扣,其原因在于事务所关联可能延长了审计合约和准租金的收取,因此事务所关联公司的审计费用比没有关联的公司显著的低,但是他的研究并没有给出事务所关联延长审计任期的经验证据。从研究的内容上看,以上这些研究在考察事务所关联与审计质量的关系时,并没有研究这种关联关系对审计任期的影响,以及事务所关联影响审计任期的同时,审计任期对审计质量所造成的影响。

综合以上分析，无论是针对美国审计市场的研究，还是在中国特有的制度背景下考察审计任期同审计质量之间的关系，都没有考虑到事务所关联关系对审计任期的延长作用，没有考虑或控制高管的事务所工作背景对审计质量可能造成的影响，也没有区分存在和不存在事务所关联条件下，深入地考察审计任期与审计质量的关系问题；而有关事务所关联的研究，也没有研究这种关联关系对审计任期的影响，以及事务所关联影响审计任期的同时，审计任期对审计质量所造成的影响。

三　研究假设与模型设定

Lennox（2005）将事务所关联分为雇佣关联和回报关联两种类型。他认为雇佣关联非常普遍，因为成为审计师的毕业生并不希望在会计师事务所中度过他们的整个职业生涯，而审计这个行业之所以成为具有吸引力的职业选择是因为它能够给他们提供工作经验和与客户接触的机会，这也为他们今后的职业选择打下了基础，客户也因为他们具有相关经验而更愿意雇佣他们。回报关联是高管劝说公司聘任其曾经工作过的会计师事务所作为当前审计财务报告的会计师事务所，高管之所以优先考虑他曾经工作过的这家事务所是因为一些裙带关系或对以前雇主的忠诚；第二种原因可能是他认为自己所工作过的这些事务所比其他的事务所要好，而在情感上抵制其他的事务所。

存在上述两种事务所关联的审计客户通过两种途径可以削弱审计质量：首先，审计组成员可能对他们的同事过度的友好或尊敬，因此他们不愿意去挑战以前同事的判断（Dowdell and Krishnan，2004；Lennox，2005）；其次，以前的审计师，即现任高管，可能十分熟悉会计师事务所的测试方法，这些方法可能会被绕过（Dowdell and Krishnan，2004；Lennox，2005）。因此，关联关系的存在降低了审计师发现问题和报告问题的可能性，从而降低了审计质量。假设审计意见反映了发现问题和报告问题的联合概率，那么我们认为，存在事务所关联的公司收到标准审计意见的概率要高于没有事务所关联的公司，即有第一个假设。

H1：有事务所关联的公司比没有关联的公司更可能收到标准审计意见。

事务所关联是审计客户的现任高管曾经（或现在）在当前聘任的会计

师事务所工作，这就意味着，现任的会计师事务所或审计师与审计客户的高管（以前的审计师）是非常熟悉的，因此，现任的会计师事务所或审计师与审计客户之间存在较好的私人关系。如果这种私人关系对于审计客户来说是有用的，如收到标准的审计意见（Lennox，2005）、允许有更多的盈余管理（Dowdell and Krishnan，2004）、降低审计费用（Liu，2011）等，那么审计客户会竭力维持这种关联关系。Lennox（2005）也证明了这一点，收到非标审计意见的客户的高管更多地遭到了解雇，而收到清洁审计意见客户的高管被解雇的可能性更小，并且这种关系更为显著。由此我们可以认为，事务所关联的有用性可以稳定高管的任期，同理，这种关系的存在也稳定了审计客户与事务所之间的合作期限，即稳定了审计任期。Liu（2011）认为存在事务所关联的公司有动机支付准租金以获得满意的审计报告，这种关联关系的存在稳定了会计师事务所与审计客户之间的关系，延长了审计合约和准租金的收取，从而导致了初始审计定价折扣的存在。基于事务所关联的有用性，可以认为，有事务所关联的公司比没有事务所关联的公司有更长审计任期，即有第二个假设。

H2：相对于没有事务所关联的公司来说，存在事务所关联公司的审计任期更长。

在研究审计任期和审计质量的关系方面，Catanach and Walker（1999）提供了一个良好的理论框架，认为审计任期通过影响审计师的专业能力、审计独立性、经济利益和市场结构，从而最终对审计质量形成影响。一方面，审计任期可以提高专业能力，在考虑到诉讼风险和事务所声誉情况下，随着任期的延长，审计师积累了特定客户的专门知识，了解到客户的特定风险，可以减少对管理者估计的依赖性，从而提升其专业能力，进而提高审计质量。另一方面，审计任期从多个角度影响了审计独立性，随着审计任期的延长，审计师与审计客户的沟通和交流越来越多，审计师与审计客户及其高管、其他相关人员的关系日益密切，这会增加审计师与客户相互勾结的可能性；同时随着审计师对审计客户信任的加深，审计师会缺乏挑战精神，他们对审计客户的依赖程度也越强，越来越不倾向使用新的审计程序，并不再保持应有的职业谨慎性，从而导致审计质量降低。审计质量是发现并报告财务报告问题的联合概率，前者由审计师的专业能力决定，而后者则取决于审计师的独立性（DeAngelo，1981b）。由于审计任期影响了专业能力和独立性，并且随着审计任期的延长,审计任期对这两个因素的影响作用是一种此消彼长的过程,因此,审计任期与审计质量的关系存在着不确定性。假设审计意见反映了发现问题和报告问题的联合概率,审计任期同样通过上述几个方面对审计意见产生影响,但他们之间的关系也不确定,这仍然是一个开放的实证问题。据此,有第三个假设。

H3:审计任期与审计意见显著相关。

以上假设的一个前提是,在没有引入其他私人关系时,审计任期同非标审计意见的出具显著正相关或者负相关。但是,如果有其他的私人关系介入时,比如事务所关联关系的存在,审计任期与审计质量的关系可能是一种表象作用,而真正影响审计独立性、审计质量的是事务所关联关系。从有事务所关联的审计客户影响审计质量的途径上分析,在事务所关联存在的情况下,审计独立性已经受到了影响,此时,审计任期对于审计质量的影响可能更多地体现在专业能力方面。那么,在事务所关联公司中,审计任期与非标意见的出具可能正相关,这主要取决于事务所关联作用的强大程度。因此,我们认为事务所关联是否存在,直接影响了审计任期同审计质量的关系。据此,有第四个假设。

H4:在存在事务所关联和没有事务所关联公司中,审计任期对审计意见的影响不同。

我们用模型(1)证明事务所关联对审计意见出具的影响,即假设H1;其次,模型(2)用以检验假设H2,而假设H3和H4由模型(3)进行检验。

$$OP = \alpha_0 + \alpha_1 AFF + \alpha_2 SIZE + \alpha_3 LEV + \alpha_4 ROA + \alpha_5 GROWTH \\ + \alpha_6 CASH + \alpha_7 CON + \delta \quad (1)$$

$$LNTEN = \beta_0 + \beta_1 AFF + \beta_2 SIZE + \beta_3 LEV + \beta_4 ROA + \beta_5 GROWTH \\ + \beta_6 CASH + \beta_7 CON + \varepsilon \quad (2)$$

$$OP = \gamma_0 + \gamma_1 LNTEN + \gamma_2 SIZE + \gamma_3 LEV + \gamma_4 ROA + \gamma_5 GROWTH \\ + \gamma_6 CASH + \gamma_7 CON + \varphi \quad (3)$$

在模型(1)—(3)中,OP 为虚拟变量,当审计意见为非标准审计意见时取1,标准无保留意见取0。$LNTEN$ 是审计任期(事务所任期)的自然对数,我们将IPO当年的审计作为审计任期的第一年,如果以后没有更换会计师事务所,那么审计任期按年累加;如果事务所发生变更,则变更当年为新任事务所审计任期的第一年。AFF 也是虚拟变量,公司存在高管事务所关联为 1，否则为 0。如果事务所关联对公司是有用的，那么 α_1 应该显著为负。根据假设 H3 和 H4，由全样本和无事务所关联样本估计的 γ_1 的符号应该是一致的，而由假设 H4 可知，由事务所关联样本估计的 γ_1 可能与无事务所关联样本估计的不一致。其中，我们还控制了 Lennox（2005）以及 Liu 等（2011）认为重要的因素，SIZE 为公司规模，它等于年末总资产的自然对数，一般认为，公司规模越大，游说会计师事务所的能力越强，获得"非标意见"的概率越低，因此公司资产规模与审计意见呈负相关关系；LEV 为公司财务杠杆，它等于年末负债总额比上年末总资产，财务杠杆越高表明财务风险导致的审计风险也大，因此而被出具"非标意见"的可能性越大，预计其估计系数显著为正；ROA 是公司业绩，代表了公司的盈利能力，是净利润除以年末总资产，预计系数显著为负；GROWTH 代表了公司的成长性，它是本年营业总收入除以上年营业总收入，公司成长性越好，获得"标准意见"的概率越大；CASH 为本年经营活动产生的现金流量净额比年末总资产，预计系数显著为负。CON 为虚拟变量，公司最终控制的类型为国有取 1，否则为 0。根据假设 H2，在模型（2）中，预期 β_1 显著为正，同时也控制了上述这些因素，并预期公司规模大，财务杠杆低，盈利能力强，成长性和现金流量状况好的公司以及非国有控股公司的审计任期长。

第三节 样本选择与描述统计

本章的研究数据来源于国泰安和色诺芬数据库，以及 1998—2007 年公开披露的公司财务报告。高管个人工作简历来自财务报告，会计师事务所资料来自中国证监会网站和中国会计视野网站。对高管曾经（现在）工作的会计师事务所与当前任职公司聘请的会计师事务所相同的判定为具有会计师事务所关联。在关联识别的过程中，对于高管曾经（现在）工作的会计师事务所由于改制、更名、合并和拆分等情况造成与公司现任会计师事务所名称不一致的，进行了进一步的辨别。同时，也对天然形成的关联进行了排除和识别。最终得到存在会计师事务所关联的高管 483 人次，上市公司 448 家，有会计师事务所工作经历但无关联的高管 3052 人次，上市公司 2620 家。另外，还剔除了财务指标缺省的公司，最后得到具有关联公司的样本数为 405 家；高管有会计师事务所工作经历但无关联的公司

2342家，以控制高管的会计师事务所工作经验和专门知识对审计质量造成的影响。

样本的年度分布如表4-1所示，各年的样本总数及关联样本数呈上升之势，尤其在2001年只有10家，2002年突然增加到39家，增加了近3倍；而2001年的总样本数为52家，到2002年也达到258家，增加了近4倍，这主要是由于《关于在上市公司建立独立董事制度的指导意见》发布后的影响作用。从这个上升趋势来看，如果这种高管事务所关联影响到审计质量，事务所关联及其增长状况势必应该引起重视，尤其关联关系对独立董事独立性和审计师独立性有双重危害，独立董事制度更应该予以补充和完善。

表 4-1　　　　　　　　　　样本分布

年份	1998	1999	2000	2001	2002	2003	2004	2005	2006	2007	合计
全样本数	7	13	24	52	258	401	503	520	509	460	2747
关联样本	3	5	7	10	39	62	76	76	71	56	405

表4-2报告了描述统计。从全样本来看，审计意见（OP）和事务所关联（AFF）的中位数均为0，表明只有较少的样本公司获得了"非标意见"，而高管事务所关联的建立并不具有普遍性。审计任期 TENURE（LNTEN）最长的有17（2.833）年之久，最短的为1（0）年，其均值和中位数均在6（1.568和1.792）年左右，这同一般的研究结论和5年任期的政策限定大体相当。在公司特征方面，公司规模（SIZE）的均值为21.169，中位数为21.135；财务杠杆（LEV）的均值和中位数均略高于0.5，而最大值高达0.897，最小值却只有0.194，说明样本公司在财务杠杆上存在较大的差异；公司业绩（ROA）的均值为0.019，中位数为0.025，最大值0.111，而最小值只有-0.152，体现出公司盈利能力也存在很大差异；样本公司成长性（GROWTH）和现金流量状况（CASH）方面的差异也在表4-2中有所体现。国有控股公司占65.6%的比重与现实状况大体相当。

表4-2的第2部分比较了有事务所关联（AFF）和无关联样本公司收到"非标意见"（OP）的差异。在405家具有事务所关联的公司中，有26家获得了"非标意见"，而无关联的2342家公司中获得"非标意见"的有278家，无关联公司获得"非标意见"的比例显著高于具有事务所关联的

公司，这在一定程度上证明了假设 H1。

表 4-2 的第 3 部分比较了有事务所关联公司和无关联公司审计任期和公司特征方面的差异。有事务所关联的公司审计任期（LNTEN）的均值和中位数分别为 1.887 和 2.079，而无关联公司的审计任期的均值和中位数却只有 1.513 和 1.609，并且这个差异在 0.01 的水平上显著，表明事务所关联的公司有更长的审计任期，这支持了假设 H2 比较有关联样本与无关联样本公司特征方面的中位数和平均值，发现无关联样本的公司规模（SIZE）、公司业绩（ROA）和成长性（GROWTH）均显著地低于有关联样本，而两组样本在财务杠杆（LEV）和现金流量状况（CASH）上并无显著差异。

表 4-2　　描述统计

变量	均值	中位数	标准差	最大值	最小值
(1) 全样本 (2747)					
OP	0.111	0	0.314	1	0
TENURE	6.034	6.000	3.567	17.000	1.000
LNTEN	1.568	1.792	0.748	2.833	0.000
AFF	0.147	0	0.355	1	0
SIZE	21.169	21.135	0.868	22.833	19.598
LEV	0.516	0.516	0.185	0.897	0.194
ROA	0.019	0.025	0.059	0.111	−0.152
GROWTH	1.191	1.150	0.347	2.061	0.575
CASH	0.046	0.047	0.068	0.176	−0.093
CON	0.656	1	0.475	1	0
(2) 虚拟变量					
	总数	非标意见	比例（%）	Chisq	
事务所关联（AFF）与审计意见					
有关联	405	26	6.42		
无关联	2342	278	11.87	10.4224***	

续表

变量	均值	中位数	标准差	最大值	最小值
(3) 连续变量					
无事务所关联样本 (2342)					
LNTEN	1.513	1.609	0.757	2.833	0.000
SIZE	21.146	21.098	0.876	22.833	19.598
LEV	0.517	0.515	0.185	0.897	0.194
ROA	0.018	0.024	0.060	0.111	-0.152
GROWTH	1.187	1.145	0.350	2.061	0.575
CASH	0.046	0.047	0.068	0.176	-0.093
有事务所关联样本 (405)					
LNTEN	1.887	2.079	0.600	2.833	0.000
SIZE	21.307	21.324	0.806	22.833	19.598
LEV	0.510	0.529	0.182	0.897	0.194
ROA	0.025	0.029	0.053	0.111	-0.152
GROWTH	1.217	1.178	0.327	2.061	0.575
CASH	0.049	0.047	0.064	0.176	-0.093
LNTEN	-0.374	-11.12***	-0.470	-10.01***	
SIZE	-0.161	-3.66***	-0.226	-3.61***	
LEV	0.007	0.74	-0.014	0.26	
ROA	-0.007	-2.48**	-0.005	-2.27**	
GROWTH	-0.030	-1.69*	-0.033	-1.97*	
CASH	-0.003	-0.85	0.000	-0.72	

注：***、**、*分别表示检验在1%、5%、10%水平上统计显著。

表4-3报告了模型（1）—（3）的因变量与自变量以及自变量之间的相关系数。审计意见（OP）与审计任期（LNTEN）显著负相关，表明审计任期长的公司会更多地收到标准审计意见，这可能是由于长审计任期造成独

立性的损害，进而影响了审计质量，支持了假设 H3[①]；审计意见（*OP*）与事务所关联（*AFF*）也显著负相关，说明事务所关联的公司更可能获得标准审计意见，这再次说明事务所关联对公司的有用性。事务所关联（*AFF*）与审计任期（*LNTEN*）的相关系数为 0.177，且在 0.01 水平上显著，在一定程度上证实了假设 H2 表明有事务所关联的公司，事务所任期要更长，也同于上述表 4-2 第 3 部分的研究结果。在公司特征方面，除了财务杠杆（*LEV*）与审计意见显著正相关以外，公司规模（*SIZE*）、公司业绩（*ROA*）、成长性（*GROWTH*）和现金流量状况（*CASH*）均与审计意见显著的负相关，与已有的成熟研究结论是一致的。与预期相一致的是，公司规模大、财务杠杆低、盈利能力强、成长性和现金流量状况好的公司审计任期长。其他自变量之间的相关性也非常合理和直观，比如公司规模（*SIZE*）与公司业绩、成长性以及现金流量显著正相关，表明这些样本公司规模越大，其盈利能力、成长性和现金流量状况相对较好；财务杠杆（*LEV*）与公司业绩以及现金流量状况显著负相关，相关系数分别为-0.413 和-0.184，说明财务杠杆高的样本公司盈利能力和现金流量状况均较差；公司业绩（*ROA*）和现金流量状况（*CASH*）、成长性（*GROWTH*）均显著正相关，相关性较强，系数均在 0.3 以上。尽管自变量之间的相关系数显著，而且存在较高的相关性，我们对相关系数在 0.3 以上的变量分别放入回归方程和整体放入回归方程进行检验，所得的结果没有实质性的差异，即多重共线性对回归结果的影响并不严重。另外，与以往的研究相一致的是，国有控股公司收到非标意见的可能性更小，有事务所关联的公司国有控股公司的比重更大，国有控股公司的规模更大的财务特征均在表 4-3 中有所体现。

表 4-3　　　　　　　　Pearson/Spearman 相关系数（全样本）

	OP	*LNTEN*	*AFF*	*SIZE*	*LEV*	*ROA*	*GROWTH*	*CASH*	*CON*
OP	1								
LNTEN	-0.120***	1							
AFF	-0.062***	0.177***	1						
SIZE	-0.194***	0.125***	0.066***	1					

[①] 事实上，比较标准审计意见样本和非标审计意见样本，可以得出相似的结论，标准审计意见样本的审计任期较非标审计意见样本的审计任期要长，其均值和中位数之间的差异均在 0.01 水平上显著，但没有报告。

续表

	OP	LNTEN	AFF	SIZE	LEV	ROA	GROWTH	CASH	CON
LEV	0.335***	-0.035*	-0.014	0.027	1				
ROA	-0.416***	0.080***	0.043**	0.236***	-0.413***	1			
GROWTH	-0.187***	0.050***	0.031	0.116***	-0.024	0.327***	1		
CASH	-0.166***	0.042**	0.016	0.154***	-0.184***	0.343***	0.139***	1	
CON	-0.150***	0.039**	0.05***	0.251***	-0.134***	-0.134***	0.029	0.104***	1

注：虚拟变量之间为 Spearman 相关系数，其余为 Pearson 相关系数。***、**、* 分别表示检验在 1%、5%、10% 水平上显著。

第四节 检验结果

一 回归结果

表 4-4 报告了模型（1）—（3）的回归结果，这个结果采用 Winsorization 的方法剔除了控制变量奇异值的影响，对所有连续的控制变量（SIZE、LEV、ROA、GROWTH、CASH）小于 5% 分位数（大于 95% 分位数）的部分，令其值等于 5% 分位数（95% 分位数）。在模型（1）的 Logistic 回归结果中，AFF 的系数显著为负，表明存在高管事务所关联的公司收到标准审计意见的概率显著高于没有高管事务所关联的公司，该结果与表 4-2 和表 4-3 的相关结果一致，表明关联关系降低了审计质量，这个结论也与 Lennox（2005）的研究结果相一致，从而验证了假设 H1。模型（2）的普通最小二乘（OLS）估计结果中，AFF 的系数为正，且在 0.01 水平下显著，说明事务所关联对于公司的有用性可以稳定审计客户与事务所之间的合作期限，即稳定了审计任期。因此，相对于没有事务所关联的公司来说，存在事务所关联公司的审计任期更长，假设 H2 得到了验证。

使用全样本估计的模型（3）中，LNTEN 的估计系数显著为负，表明从总体上看，审计任期（事务所任期）越长的公司收到非标审计意见的概率越小，随着审计任期的延长，审计独立性会遭到侵害，进而影响审计质量（审计意见），从而验证了假设 H3。同样的关系出现在无关联样本估计的结果中。但是，在有关联样本估计的结果中，LNTEN 的估计系数为正，说明在有事务所关联条件下，审计任期对于审计质量的影响更多地体现在专业能力方面，但不显著，这主要是由于事务所关联已经使得审计独立性

表 4-4 回归结果

	模型 (1) (全样本 2747) (OP)		模型 (2) (全样本 2747) (LNTEN)		模型 (3) (全样本 2747) (OP)		模型 (3) (无关联样本 2342) (OP)		模型 (3) (有关联样本 405) (OP)		模型 (4) (全样本 2747) (OP)		模型 (5) (全样本 2747) (OP)	
	系数	Wald	系数	T值	系数	Wald	系数	Wald	系数	Wald	系数	Wald	系数	Wald
截距项	6.147	10.72***	-0.416	-1.16	6.474	11.83***	6.594	11.19***	-3.583	0.26	6.252	10.99***	6.491	11.73***
AFF	-0.540	5.80**	0.355	8.99***							-0.401	2.87*	-1.750	4.23**
LNTEN					-0.326	13.01***	-0.345	13.07***	0.365	0.65	-0.298	10.45***	-0.345	12.95***
LNTEN*AFF													0.720	3.00*
SIZE	-0.461	26.00***	0.090	5.22***	-0.457	25.35***	-0.466	24.29***	0.01	0.00	-0.447	24.18***	-0.456	25.00***
LEV	4.359	105.00***	-0.091	-1.06	4.335	103.78***	4.660	108.03***	-0.459	0.09	4.348	104.18***	4.348	103.83***
ROA	-9.811	77.72***	0.378	1.28	-9.655	74.81***	-8.749	56.74***	-24.659	25.07***	-9.688	75.38***	-9.667	74.93***
GROWTH	-0.697	10.25***	0.047	1.10	-0.674	9.56***	-0.723	10.13***	0.081	0.01	-0.674	9.55***	-0.665	9.30***
CASH	-2.391	4.54**	0.065	0.29	-2.360	4.38**	-1.961	2.78*	-6.360	1.95	-2.375	4.44**	-2.400	4.54**
CON	-0.368	5.97**	-0.004	-0.13	-0.372	6.09**	-0.395	6.27**	-0.064	0.01	-0.362	5.75**	-0.353	5.44**
调整 R^2			0.045											
F值			19.48***											
LRChiSq	558.41***				565.98***		507.81***		71.41***		568.72***		572.17***	

注:***、**、* 分别表示检验在 1%、5%、10% 水平上统计显著。

受到了影响，使得公司更多地获得了标准审计意见，假设 H4 也得到了验证。最终的结果表明，在事务所关联条件下，审计任期与审计质量的关系可能是一种表象作用，而真正影响审计独立性、审计质量的是事务所关联关系。

二 稳健性检验

在表 4-4 中，我们利用模型（4）再次检验了事务所关联、审计任期与审计质量的关系，即假设 H1 和 H3，所得的结论与模型（1）和全样本估计模型（3）的结果是一致的。

模型（5）估计的结果再次验证了假设 H4，所得结论与利用有事务所关联和无事务所关联样本估计的模型（3）的结果大体是一致的。

没有进行极值处理和 Winsorize 1% 的情形下，所得出的主要结论没有本质上的差别。

第五节 研究结论

本章研究了高管会计师事务所关联对审计任期（事务所任期）和审计质量的影响，以及事务所关联存在和不存在的条件下审计任期与审计质量的关系。实证的结果表明，有事务所关联的公司更可能收到标准审计意见，从而说明事务所关联降低了审计质量；同时，事务所关联关系的存在延长了审计任期，即存在事务所关联的公司比没有事务所关联的公司与事务所合作的时间更长。在有事务所关联的公司和没有事务所关联的公司中，审计任期与审计质量之间的关系不同，进而说明有事务所关联公司的审计质量并不取决于审计任期，而是由事务所关联本身的影响所造成的。

第五章 会计师事务所关联与审计费用

第一节 引言

会计师事务所关联是现任高管具有当前公司聘任的会计师事务所工作经历,这可能会削弱审计独立性(Dowdell and Krishnan, 2004; Lennox, 2005; Menon and Williams, 2004),增加客户与事务所之间的合谋。事务所关联引发了诸多财务丑闻,因此在美国"萨班斯法案"中得以限制,可见这一现象在美国的影响力度。类似的,因事务所关联引发的财务丑闻也存在于其他的国家,如澳大利亚的 HIH Insurance、英国的 Independent Insurance,中国的媒体对此也有报道。2008 年 7 月 21 日,中国证监会上海稽查局发布公告,寻找"华夏建通"原财务总监,要求他配合上海稽查局调查"华夏建通"涉嫌违反证券法律法规的行为。根据媒体的推测,该财务总监曾经作为"华夏建通"聘任会计师事务所的审计组成员,直接参与完成了"华夏建通"的审计报告。2009 年 9 月,该公司收到了中国证监会的《行政处罚及市场禁入事先告知书》(处罚字〔2009〕25 - 1 号)。可见,在中国市场上由事务所关联引发的违规事件逐渐开始暴露,应该引起公众和监管部门的足够重视。研究事务所关联及其引发的后果也具有一定的现实意义。

审计收费也一直是研究者和监管部门所关心的重要问题。在中国,注册会计师行业内低价竞争的现象普遍存在,还伴随着指定业务、支付佣金、回扣等行业潜规则,严重阻碍了行业的发展,影响了审计质量,损害了公众利益[①]。鉴于此,2010 年 1 月 27 日,国家发展改革委、财政部联合印发了《会计师事务所服务收费管理办法》(发改价格〔2010〕196 号),该办法规范了会计师事务所执业收费,其目的主要是为了遏制行业低价竞

---

① 参见 http://www.asc.net.cn:《财政部会计司司长刘玉廷解读〈会计师事务所服务收费管理办法〉》。

争。然而，事务所关联可能是低价竞争的根源之一，明确这一根源，有利于审计收费的进一步规范，提升会计师事务所服务质量，促进行业持续健康发展。但是，在中国，事务所关联并不具有普遍性；同时，事务所关联也具有一定的隐蔽性。随着中国的改革开放，注册会计师行业和会计师事务所也经历了种种变革，比如会计师事务所脱钩改制、更名、合并等，这使得高管与会计师事务所之间的关系变得扑朔迷离，事务所关联难以识别。因此，监管部门很少注意到事务所关联及其对审计收费产生的影响。而研究者对于事务所关联的关注，侧重于关联关系是否削弱了审计质量。这些研究主要以美国"萨班斯法案"为背景，从审计意见、盈余管理的角度考察了关联与审计质量的关系，但并未取得一致的结论，鲜见有文献关注事务所关联影响审计收费。在审计收费的相关文献中，也很少考虑到事务所关联与审计收费的关系。因此，在中国转轨经济大背景下，考察事务所关联如何影响审计收费，有利于深入分析事务所关联带来的经济后果，揭示会计师事务所与审计客户在经济利益上的联系，明确审计收费的决定因素；对于遏制低价竞争，提高审计质量，促进注册会计师行业健康发展，保护投资者和公众的利益有着积极的现实意义；同时，也为当前建立健全审计收费相关法规提供支持性的经验证据。

本章通过研究会计师事务所关联与审计收费的关系发现，有事务所关联的公司审计费用比没有关联的公司审计费用显著的低；深层次的证据表明，雇佣关联下被更换的"新"高管，以及回报关联下被更换的"新"会计师事务所与对方签订的审计合约是首次审计合约，导致了初始审计定价折扣，从而造成会计师事务所关联的公司有较低的审计收费。本章还进一步考察了审计意见与事务所关联对审计费用的交互作用，在无关联关系情况下，获得非标准审计意见公司的审计费用较高，但是没有显著的证据表明事务所关联影响了审计意见对审计费用的作用关系。

本章的贡献主要体现在以下三个方面：(1) 本章将会计师事务所关联与审计费用联系起来，揭示了在会计师事务所关联关系存在的条件下，会计师事务所与审计客户在经济利益上的关系，丰富了会计师事务所关联和审计定价方面的文献。(2) 存在事务所关联的公司有动机支付准租金以获得满意的审计报告，这种关联关系的存在稳定了会计师事务所与审计客户之间的关系，延长了审计合约和准租金的收取，从而导致了初始审计定价折扣的存在，最终扩展了初始审计定价折扣模型，为 DeAngelo (1981a)

的分析模型提供了新的经验证据。(3) 本章还进一步考察了关联关系和审计意见对审计费用的交互作用，但是没有显著的证据表明事务所关联影响了审计意见对审计费用的作用关系。

第二节　文献回顾与评论

有关事务所关联的研究主要侧重于检验关联关系对审计质量的影响，但关于事务所关联与审计收费间关系的研究还较为缺乏。以美国"萨班斯法案"颁布为分界线，该法案颁布以前的文献，主要使用调查和实验的方法来研究事务所关联对审计质量的影响（Imhoff，1978；Firth，1981；Schleifer and Shockley，1990；Koh and Mahathevan，1993；Parlin and Bartlett，1994；Kaplan and Whitecotton，2001），证明了事务所关联的普遍性，使得财务报告使用者意识到事务所关联削弱了审计质量，但没有经验性的证据表明这种关联导致了公司审计质量的差异性。随着"萨班斯法案"的颁布，一些档案研究分别从审计意见和盈余管理两个角度检验事务所关联对审计质量产生的影响。Lennox（2005）从审计意见的角度研究了事务所关联与审计质量的关系，发现存在事务所关联的公司收到非标准审计意见的概率更小，从而说明审计质量被削弱了。Liu 等（2011）和刘继红（2011）针对中国的研究也得出了与 Lennox（2005）一致的结论。Dowdell and Krishnan（2004）、Geiger 等（2005）、Geiger and North（2006）以及 Menon and Williams（2004）等的研究则主要检验了事务所关联对盈余管理的影响，但是事务所关联是否削弱了审计质量，从盈余管理角度获得的证据仍然是不确定的。另外，Geiger 等（2008）还研究了从会计师事务所雇佣财务、会计负责人的市场反应。Naiker and Sharma（2009）则考察了公司审计委员会任职的关联合伙人、非关联合伙人与内控缺陷之间的关系，最终发现他们之间负相关。Naiker 等（2013）还发现，事务所关联的公司通过减少从以前事务所购买非审计服务来降低对审计独立性的威胁。Geiger 等（2008）、Naiker and Sharma（2009）以及 Naiker 等（2013）的研究没有专门考察"反转门"任命对审计质量的影响，研究结论并不支持"萨班斯法案"对事务所关联行为的限制，但是他们的研究告诉我们"反转门"任命在一定程度上也会使得公司从特有知识当中受益，这些特有知识同样会影响审计质量。

Simunic（1980）有关审计服务定价的研究引发了世界性的审计收费实证研究。与此同时，DeAngelo（1981a）的研究分析了初始审计定价折扣是由交易成本所导致的。但是，Dye（1991）却认为准租金信息的不可观察性导致了初始审计定价折扣，他们的研究仅仅停留在分析层面。在他们的研究基础上，Craswell and Francis（1999）、Simon and Francis（1988）和 Ghosh and Lustgarten（2006）的研究却为初始审计定价折扣的存在找到了证据，但是也有研究发现初始审计定价折扣并不存在（Palmrose，1986；Simunic，1980），甚至存在更高的审计收费（韩洪灵和陈汉文，2007）。但是这些研究几乎没有考虑到事务所关联与审计收费的关系。

总的看来，有关事务所关联的文献没有研究事务所关联对审计收费的影响，而审计收费的研究也没有将事务所关联与审计费用联系起来，那么这两方面的研究也就没有揭示在事务所关联关系存在的条件下，会计师事务所与审计客户之间经济利益上的关系，比如他们的审计收费如何。

第三节 研究假设与模型设定

现任高管曾经（或现在）在当前公司聘任的会计师事务所工作，他对客户的会计制度和政策特别了解，可提高其会计判断正确的能力（Dowdell and Krishnan，2004），这也是现任审计师信任依赖高管的主要原因。从会计师事务所角度来看，如果审计师过度信赖高管，那么他们对审计的重要性水平所作的初步估计会较大，也会减少对风险的评估。Menon and Williams（2004）认为，具有事务所关联的前合伙人通过两种途径减少了可接受的审计风险。第一，审计师因为信任关联合伙人的能力，减少了对控制风险的评估；第二，由于信任关联合伙人的正直，审计师降低了对固有风险的评估。Beasley 等（2000）也认为，现任的审计组成员倾向于过度依赖以前的同事，没有体现出应有的职业怀疑。Parlin and Bartlett（1994）的实验研究为此提供了一些证据，当合伙人成为审计客户的财务负责人时，审计师对重要性水平所作的初步估计较大。而对重要性水平做较大的初步估计，以及减少对风险的评估，会导致必要的审计测试工作减少，从而降低审计成本，最终会导致更低的审计收费。

另一方面，如果事务所意识到事务所关联会带来负面影响及其根源，那么他们也可以采取措施来尽量避免。ISB推荐了应对措施。比如，在审计职员离开事务所的一年内，如果加入客户成为公司职员，他们会对原来的审计团队有显著的影响。ISB 建议对下一年的审计进行额外的复核。事务所也可以复核审计组的其余成员，并根据审计团队与离职人员的关系来决定是否需要作出改变。如果事务所需要对此进行额外的复核，那么审计工作量势必要增加，审计费用也会随之升高。同样，如果意识到风险的存在和未来的声誉损失，按照风险补偿理论，审计费用会因此而上升。

从会计师事务所角度来看，事务所关联与审计费用的关系，主要取决于现任审计师对关联高管的依赖程度，事务所是否意识到这种关联关系的负面影响以及采取措施的程度。而在事务所关联的相关研究中，多认为现任审计师会过度依赖高管，从而削弱审计质量。因此，我们认为现任审计师过度信赖高管导致了更低的审计费用。据此有假设 H1。

H1：相对没有事务所关联的公司而言，事务所关联公司的审计费用更低。

从有事务所关联公司的角度看，建立关联关系有两种途径（Lennox，2005）：一是"雇佣关联"（employment affiliation），即审计师离开事务所到客户的公司工作，在美国称为"反转门"（revolving door）；二是"回报关联"（alma mater affiliation），即高管游说其公司聘请他以前工作过的事务所来审计其财务报告。很显然，回报关联即是通过更换会计师事务所建立的关联，现有的诸多研究表明，更换事务所会导致审计定价折扣，那么回报关联是否会导致初始审计定价折扣呢？Dye（1991）认为准租金（quasi-rent）信息的不可观察性导致了初始审计的定价折扣，若准租金信息不是公开可获得的，客户将有动机将准租金支付给审计师以获得满意的审计报告，这就会导致初始审计的定价折扣和对独立性的潜在损害。Lennox（2005）和 Liu 等（2011）的研究发现，事务所关联增加了审计客户获得满意审计报告的概率，因此，存在回报关联的公司有给审计师支付准租金的动机，来作为获得满意审计报告的经济补偿，故而回报关联的公司存在初始审计定价折扣；同时，大量的研究也发现，更换会计师事务所会导致初始审计定价折扣，回报关联是通过更换事务所建立的关联，因此有回报关联的公司将会有初始审计定价折扣。

同理，对于有雇佣关联的公司来说，其事务所没有像回报关联那样被更换，但是，高管已经被更换，高管团队是由具有现任事务所工作经历的"新人"组成。张敏等（2010）的研究表明，审计师（事务所）聘任的实际决策者是高管，而非股东，即高管会决定审计合约的签订。存在雇佣关联的公司，其审计合约是由"新任高管"组成的团队与事务所"首次签订"的，与回报关联的公司变更事务所一样，也属于"首次"审计合约，同样也会导致初始审计定价折扣，而现有的研究并没有注意到这一点。两种关联情形下签订审计合约的差别在于，回报关联假定高管没有发生变更，但事务所发生了变更；而雇佣关联则相反，是事务所没有变更，但高管团队发生了变化。事实上，只要高管和事务所一方发生变更，签订的审计合约则为"新"的审计合约，均会产生初始审计定价折扣。

DeAngelo（1981a）认为初始审计定价折扣是未来准租金的现值，由于这种折扣是沉没成本，并不必然会对未来期间的审计独立性产生影响。Simon and Francis（1988）却认为沉没成本也会影响独立性。低价折扣增强了审计师延长任期的动机，直到低价折扣弥补回来以后，审计师才会独立。无论哪种途径建立的事务所关联，由于高管与事务所的友谊或其他裙带关系，使得事务所与审计客户的关系得到了巩固和加强，会延长现任会计师事务所的任期，即比起不存在关联关系时，现任会计师事务所会有更长的审计任期；相比没有关联的公司，存在关联的公司会与现任事务所合作的时间更长（刘继红，2011），延长准租金的收取会导致审计定价折扣。因此，在首次建立关联的当年，即回报关联和雇佣关联的当年，审计客户都会有初始审计定价折扣。

通过上述的分析，无论是从会计师事务所的角度看，还是从有事务所关联公司的角度看，事务所关联公司的审计费用都要比没有事务所关联的公司更低，但是，并不清楚其中主要的驱动因素。因此，为了弄清楚到底是现任审计师过度信赖高管，还是初始审计合约导致了关联公司更低的审计费用，又提出了假设 H1 的分假设 H1a。

H1a：首次雇佣关联和回报关联公司的审计费用比其他公司更低，即存在初始审计定价折扣。

审计意见是审计收费的决定因素之一。Simunic（1980）认为，审计师出具"非标意见"是因为审计客户存在可能导致未来损失的不确定性，并且有证据表明，"非标意见"对审计客户的股票市场价格有负面影响。因此，他认为"非标意见"的出具会影响审计定价，尽管这个理论分析不够充分，但是最终的实证结果也表明"非标意见"与审计费用正相关。Francis and Simon（1987）并没有阐明审计意见与审计费用之间的理论关系，只是将其单纯作为审计风险的替代变量进行了控制，发现"非标意见"与审计费用之间也存在显著正相关关系。刘明辉和胡波（2006）的研究认为，"非标意见"的审计报告往往需要花费审计师更多的审计时间去收集更多的审计证据，与管理层进行多次谈判，因此，"非标意见"也会影响审计费用，但最终的研究结果却没有为此找到支持性的证据。然而，韩厚军和周生春（2003）的研究结果却不同，他们也在审计收费模型中控制了审计意见，发现"非标意见"显著地影响了2001年的审计费用。

事务所关联的存在会影响审计师出具审计意见。Lennox（2005）认为，有事务所关联的公司通过两种途径可以影响审计师的意见：首先，审计组成员可能对他们的同事过度的友好或尊敬，因此他们不愿意去挑战以前同事的判断；其次，以前的审计师，即现任高管，可能十分熟悉会计师事务所的测试方法，这些方法可能会被绕过。因此，关联关系的存在降低了审计师发现问题和报告问题的可能性，从而降低了公司收到"非标意见"的概率。

根据上述的分析，一方面，审计意见会影响审计收费，而事务所关联关系会降低公司收到"非标意见"的概率。但是，如果在关系存在的情况下，公司仍然还会收到"非标意见"，其风险可见一斑，审计收费也会相对较高。另一方面，存在事务所关联公司的审计费用比没有事务所关联的公司更低。因此，事务所关联的存在，使得审计意见与审计费用之间存在着有趣的、相互对立的两种关系。于是，我们提出假设H2。

H2：事务所关联关系会影响审计意见与审计费用的关系。

我们采用模型（1）来检验上述假设H1，而假设H1a由模型（2）进行检验，模型（3）用来验证假设H2：

$$lnaf = \alpha_0 + \alpha_1 \cdot aff + \alpha_2 \cdot op + \alpha_3 \cdot lnasset + \alpha_4 \cdot lnsale + \alpha_5 \cdot curr \\ + \alpha_6 \cdot ar/asset + \alpha_7 \cdot inv/asset + \alpha_8 \cdot lev + \alpha_9 \cdot roe + \delta \quad (1)$$

$$lnaf = \beta_0 + \beta_1 \cdot turnover + \beta_2 \cdot change + \beta_3 \cdot continue + \\ \beta_4 \cdot op + \beta_5 \cdot lnasset + \beta_6 \cdot lnsale + \beta_7 \cdot curr + \beta_8 \cdot \\ ar/asset + \beta_9 \cdot inv/asset + \beta_{10} \cdot lev + \beta_{11} \cdot roe + \varepsilon \quad (2)$$

$$lnaf = \gamma_0 + \gamma_1 \cdot turnover + \gamma_2 \cdot change + \gamma_3 \cdot continue + \gamma_4 \cdot op \cdot \\ turnover + \gamma_5 \cdot op \cdot change + \gamma_6 \cdot op \cdot continue + \gamma_7 \cdot op + \gamma_8 \cdot \\ lnasset + \gamma_9 \cdot lnsale + \gamma_{10} \cdot curr + \gamma_{11} \cdot ar/asset + \\ \gamma_{12} \cdot inv/asset + \gamma_{13} \cdot lev + \gamma_{14} \cdot roe + \varepsilon \quad (3)$$

其中，因变量 lnaf 为年报审计费用的自然对数；模型（1）中，aff 是虚拟变量，公司存在高管事务所关联为 1，否则为 0，根据假设 H1，预计系数 α_1 为负；而模型（2）当中，三个虚拟变量 turnover、change 和 continue 分别为首次建立雇佣关联、回报关联以及这两种关联的延续时为 1，否则为 0，根据假设 H1 和假设 H1a，β_1、β_2 和 β_3 均为负；op 也是虚拟变量，当审计意见为非标准审计意见时取 1，标准无保留意见取 0，根据以前的研究（Francis and Simon，1987；Simunic，1980），"非标意见"与审计费用之间存在正相关关系，因此，模型（1）和模型（2）中，op 的系数 α_2 和 β_4 均显著为正；在模型（3）中，op·turnover、op·change 和 op·continue 分别为审计意见 op 与变量 turnover、change 和 continue 的交乘项，根据假设 H2，系数 γ_4、γ_5 和 γ_6 的符号不能确定，而 γ_1、γ_2 和 γ_3 与审计费用的关系同于 β_1、β_2 和 β_3 与审计费用的关系，审计意见 op 的系数 γ_7 仍然显著为正。

在模型（1）、（2）和（3）当中，我们还控制了一系列影响审计费用的因素。lnasset 和 lnsale 分别是期末总资产和年总收入的对数，从两个角度衡量了公司的规模，并且 Clatworthy 等（2002）、Liu（2007）、Peel and Roberts（2003）以及 Pong and Whittington（1994）的研究发现，同时用资产和收入反映的公司规模均显著地影响了审计费用，并且与审计费用正相关，因此，三个模型中 lnasset 和 lnsale 的系数预计显著为正。流动比率 curr 为年末流动资产比流动负债，Chan 等（1993）并没有发现它与审计费用之间的显著关系，但是 Liu（2007）发现流动比率与审计费用显著负相关。ar/asset 和 inv/asset 分别是年末应收账款和存货比上年末总资产，早在 Simunic（1980）的研究中就认为，应收账款和存货是有风险的资产负债表项目，因此，它们所占的比重越高，审计师面临的审计风险越大，审计费用则越高。资产负债率 lev 是年末总负债比年末总资产，Firth（1997）、Matthews and Peel（2003）控制了这一因素，但没有发现它是显著影响审计费用的因素。韩洪灵和陈汉文（2007）、韩厚军和周生春（2003）却找到了它与审计费用显著正相关的证据。净资产收益率 roe 为净利润比净资产，一般认为低盈利会增加审计风险而招致较高的审计收费，但 Pong and Whittington（1994）认为，审计收费不会总是建立在最小成本之上，在任审计师也会收取垄断租金，而高盈利也有可能被审计师看作是一种提高审计收费的机会。

第四节　样本选择与描述统计

本章的研究数据主要来自国泰安数据库和公开披露的公司财务报告。一方面，由于中国证监会 2001 年发布了《公开发行证券公司信息披露规范问题第 6 号——支付会计师事务所报酬及其披露》和《关于在上市公司建立独立董事制度的指导意见》两个重要文件，使得研究审计收费和独立董事会计师事务所关联成为可能；另一方面，2004 年以来，年报中有关高管简历的内容非常详细，有利于辨别会计师事务所关联关系。2008 年全球爆发金融危机，2008 年和 2009 年分别有超过 15 家和 30 多家事务所参与合并，这些因素均可能影响审计定价，但又无法排除这些因素。因此，研究样本的区间选定在 2004—2007 年。在 2004 年以来年报中所披露高管简历的基础上，整理出了具有会计师事务所工作经历的董事、监事和高级管理人员，并在此基础上结合中国证监会网站和中国会计视野网站公布的会计师事务所资料，对高管曾经（或现在）工作的会计师事务所与当前任职公司聘请的会计师事务所相同的，判定为具有会计师事务所关联。其中，公司聘请会计师事务所在高管聘任之前的为雇佣关联；反之，则为回报关联。在关联识别的过程中，对于高管曾经（或现在）工作的会计师事务所由于改制、更名、合并和拆分等情况造成与公司现任会计师事务所名称不一致的，我们进行了进一步的辨别。同时，还剔除了公司在同一年度具有多个高管关联、多个无关联以及有关联和无关联重合的情况，以及上述模型当中所需财务指标缺省的公司，最后得到具有关联公司的样本数为 203 家；高管有会计师事务所工作经历但无关联的公司 1403 家，以控制高管的会计师事务所工作经验和专门知识。

具有关联的 203 家样本公司的分布如表 5-1 所示，其中 30 家为首次建立雇佣关联，占有关联公司的 14.78%；9 家为首次建立回报关联，占 4.43%，雇佣关联比例大于回报关联比例的程度比 Lennox（2005）的样本分布还要大，说明了雇佣关联的普遍性。剩下的 164 家为两种关联的存续，占 80.79%，可见高管事务所关联的有用性，一旦建立会相当稳固。从样本的年度分布看，除了 2007 年略少以外，其他年度的样本分布相对均匀。

表 5-1　　　　　　　　　　　　　　样本分布

关联类型	首次关联		关联存续	合计
	雇佣关联	回报关联		
样本数	30	9	164	203
比例（%）	14.78	4.43	80.79	100
年　　度	2004	2005	2006	2007		合计
样本数	53	55	55	40		203
比例（%）	26.12	27.09	27.09	19.70		100

表5-2报告了描述统计。从总体上看，审计费用（lanf）的平均值和中位数分别为13.054和13.017，而最大值和最小值分别为22.444和10.621，说明不同公司的审计费用存在一定程度的差异，但是，绝大多数的公司之间的差异并不是很大。尽管高管事务所关联（aff）的中位数为0，说明大部分公司没有事务所关联，但是在所有样本中，高管事务所关联样本也占到了12.6%，雇佣关联和回报关联分别为1.9%和0.6%，首次建立关联关系的合计也只有2.5%，而维持关联关系的占到绝大多数，为10.2%。说明关联关系一旦建立，会相当的稳固，同时也说明了事务所关联的有用性，这应该引起相关部门的注意。审计意见（op）的中位数为0，说明大部分公司获得的是标准审计意见，"非标意见"的比率只有12.3%，这极有可能是由于高管事务所关联关系所造成的。lnasset 的中位数和均值接近21.2，最大值为25.679，最小值14.158，而 lnsale 的中位数和均值在20.5左右，最大值和最小值分别为25.564和12.049，表明公司规模上存在较大的差异。流动比率（curr）的中位数为1.139，说明大多数公司的流动比率相对合理，但是最大值有27.207，最小值却接近于0，也表现出很大的差异。应收账款占总资产的比重（ar/asset）和存货占总资产的比重（inv/asset）方面的差异也很大，最大值均超过了50%，存货的比重还高达81.3%，存货接近总资产，而最小值却都接近0，均值分别为0.085和0.168，中位数分别为0.065和0.134。另外，样本公司的资产负债率（lev）均值为0.684，最大值竟然有124.022，最小值为0.021；盈利能力（roe）最大值和最小值分别为13.523和-23.958，均值却为0.018，也说明了公司在资产负债率和盈利能力上的差异。除此以外，还将全样本按照是否存在高管事务所关联（aff）进行了分组对比，但是发现表5-2中的审计费用和连续性的自变量中位数和均值的差

异几乎都不显著，事务所关联与审计意见的列联检验也没有显著差异，因此没有报告这部分结果。

表 5-2　　　　　　　　　描述统计（全样本 1606）

变量	均值	中位数	标准差	最大值	最小值
lnaf	13.054	13.017	0.668	22.444	10.621
aff	0.126	0	0.332	1	0
turnover	0.019	0	0.135	1	0
change	0.006	0	0.075	1	0
continue	0.102	0	0.303	1	0
op	0.123	0	0.328	1	0
lnasset	21.197	21.166	1.016	25.679	14.158
lnsale	20.467	20.503	1.457	25.564	12.049
curr	1.440	1.139	1.519	27.207	0.008
ar/asset	0.085	0.065	0.079	0.502	0.000
inv/asset	0.168	0.134	0.144	0.813	0.000
lev	0.684	0.539	3.148	124.022	0.021
roe	0.018	0.056	1.028	13.523	-23.958

表 5-3 报告了因变量和自变量以及自变量之间的相关系数。因变量（lnaf）与会计师事务所关联（aff）并不相关，但是雇佣关联（turnover）显著负相关，这在一定程度上支持了假设 H2。审计意见（op）却与审计费用显著负相关，说明获得"非标意见"的公司审计费用相反却越低，这似乎与假设 H2 背道而驰。而资产（lnasset）和收入（lnsale）规模与审计费用显著正相关，并且相关系数均在 0.5 左右，说明公司规模越大，审计费用越高；流动比率（curr）与审计费用的显著负向关系说明，流动性风险越小的公司，审计费用低，这与一般的审计费用的相关研究结论几乎都是一致的。

在自变量之间，尤其是会计师事务所关联（aff）及其三种类型 turnover、change 和 continue 几乎与其他自变量之间并没有显著的相关关系。其他自变量之间的相关性也是非常合理与直观，比如公司规模越大，流动比率越高，盈利能力越好的公司越不会获得"非标意见"，它们与"非标

第五章　会计师事务所关联与审计费用

表 5-3　Pearson/Spearman 相关系数

变量	lnaf	aff	turnover	change	continue	op	lnasset	lnsale	curr	ar/asset	inv/asset	lev	roe
lnaf		-0.021	-0.060**	-0.004	0.031	-0.041*	0.537***	0.452***	-0.100***	-0.082***	0.019	-0.038	0.021
aff	0.011		—	—	—	-0.034	0.045*	0.028	-0.011	-0.013	-0.019	-0.016	-0.015
turnover	-0.054**	—		—	—	-0.038	-0.022	-0.017	0.000	-0.028	-0.003	-0.009	0.002
change	0.029	—	—		—	-0.013	0.050**	0.033	-0.007	-0.003	-0.016	-0.012	-0.017
continue	0.032	—	—	—		-0.028	0.036	0.023	-0.020	0.009	-0.011	-0.003	0.002
op	-0.055**	-0.034	-0.038	-0.013	-0.028		-0.255***	-0.304***	-0.131***	0.006	-0.120***	0.150***	-0.031
lnasset	0.584***	0.045*	-0.025	0.054	0.025	-0.216***		0.800***	-0.103***	-0.155***	0.072**	-0.220***	0.062**
lnsale	0.523***	0.018	-0.025	0.028	0.015	-0.250***	0.808***		-0.087***	0.021	0.093***	-0.122***	0.071***
curr	-0.072***	-0.018	0.019	-0.024	-0.020	-0.256***	-0.050**	-0.014		-0.011	0.081***	-0.076***	0.022
ar/asset	-0.058**	0.001	-0.017	0.004	0.018	0.015	-0.154***	0.012	0.155***		-0.033	-0.032	0.020
inv/asset	0.019	-0.006	0.002	-0.003	-0.019	-0.132***	0.026	0.169	0.319***	0.095***		-0.032	0.036
lev	0.101***	0.038	-0.028	0.051**	0.010	0.333***	0.096***	0.082***	-0.631***	-0.007	0.114***		-0.142***
roe	0.114***	0.013	-0.008	0.016	0.003	-0.179***	0.210***	0.314***	0.122***	-0.046*	0.096***	-0.038	

注：上半角为 Pearson 相关系数，下半角为 Spearman 相关系数；***、**、* 分别表示检验在 1%、5%、10% 水平上统计显著。

意见"均显著负相关,但是资产负债率(lev)与其显著正相关,说明资产负债率高的公司更容易招致"非标意见"。lnasset 和 lnsale 与 curr、lev 均显著负相关,表明公司规模大的资产负债率低,流动性相对较差;lev 与 roe 显著负相关,表明资产负债率越高的公司,其盈利能力也越差。尽管这些自变量之间的相关系数显著,lnasset 和 lnsale 的相关系数为 0.8,但是其他自变量之间的相关程度都很低,以 vif 检验多重共线性,其值均在 5 以下,因此,多重共线性并不会影响回归结果。

第五节 检验结果

表 5-4 报告了模型(1)—(3)的普通最小二乘回归结果。从表 5-2 的描述统计中可以看出,一些变量可能存在奇异值,为了排除奇异值的干扰,我们对连续变量的 0.5% 和 99.5% 分位的样本进行了 winsorize 处理。模型(1)中,aff 的系数显著为负,表明存在高管事务所关联关系的公司,其审计费用较低,该结果支持了假设 H1。为了弄清楚到底是现任审计师过度信赖高管,还是初始审计合约导致了有关联公司比没有关联公司的审计费用更低,我们利用模型(2)进行了进一步分析,结果表明 turnover 和 change 的系数显著为负,而 continue 的系数却不显著,说明雇佣关联(Turnover)和回报关联(Change)存在的情况下,公司支付了更低的审计费用,从两种关联建立的途径上分析,雇佣关联下被更换的"新"高管或回报关联下被更换的"新"会计师事务所与对方签订审计的合约均属于"首次",同时,存在事务所关联的公司有支付准租金的动机以获得满意的审计报告,这种关联关系的存在,使得双方的关系得到了巩固和加强,延长了现任会计师事务所的任期,从而最终导致了审计定价折扣。这个结论支持了假设 H1a,最终扩展了 DeAngelo(1981a)等的初始审计定价折扣模型。另外,模型(1)和模型(2)中,审计意见(op)的系数均显著为正,说明收到"非标意见"的公司审计费用更高,这得到了 Francis and Simon(1987)和 Simunic(1980)等以前研究的支持;公司的资产(lnasset)和收入(lnsale)规模均与审计费用显著正相关,这与 Clatworthy 等(2002)、Liu(2007)、Peel and Roberts(2003)以及 Pong and Whittington(1994)的研究结论是一致的;资产负债率(lev)也与审计费用显著正相关的结果与韩洪灵和陈汉文(2007)以及韩厚军和周生春(2003)的研究相一致。流动比率(curr)与审计费用

之间的关系并不显著，这同于 Chan 等（1993）的研究。体现审计风险的两个变量（*ar/asset* 和 *inv/asset*）与审计费用的关系也不显著，这归因于样本的差异，而没有观察到这些现象。净资产收益率（*roe*）与审计费用的关系不显著，高盈利一方面体现了审计的低风险，而另一方面被 Pong and Whittington（1994）认为是一种提高审计收费的机会，所以与审计费用的关系存在争议。

表 5-4　　　　　　　　　　　　　回归结果

	模型（1）			模型（2）			模型（3）		
	系数	T 值	VIF	系数	T 值	VIF	系数	T 值	VIF
截距项	5.0321	17.91***	0.00	5.0615	17.98***	0.00	5.0579	17.97***	0.00
aff	−0.0737	−2.16**	1.00						
turnover				−0.1769	−2.11**	1.01	−0.1538	−1.80*	1.04
change				−0.0648	−1.73*	1.01	−0.0684	−1.72*	1.13
continue				0.1120	0.74	1.00	0.1124	0.74	1.00
op · turnover							−0.6873	−1.48	1.05
op · change							0.0000	—	—
op · continue							0.0333	0.28	1.25
op	0.1495	3.72***	1.35	0.1492	3.71***	1.36	0.1506	3.55***	1.52
lnasset	0.3231	15.64***	3.25	0.3213	15.54***	3.25	0.3212	15.54***	3.25
lnsale	0.0546	3.79***	3.26	0.0550	3.82***	3.26	0.0552	3.84***	3.27
curr	−0.0009	−0.08	1.24	−0.0008	−0.07	1.24	−0.0002	−0.01	1.24
ar/asset	−0.0334	−0.22	1.11	−0.0438	−0.29	1.11	−0.0415	−0.27	1.11
inv/asset	−0.0626	−0.77	1.05	−0.0615	−0.76	1.05	−0.0595	−0.74	1.05
lev	0.1006	3.71***	1.53	0.0998	3.68***	1.54	0.0996	3.66***	1.55
roe	−0.0064	−0.29	1.02	−0.0063	−0.29	1.02	−0.0072	−0.33	1.02
调整 R^2	0.394			0.395			0.395		
F 值	117.15***			96.20***			81.59***		
样本量	1606			1606			1606		

注：***、**、*分别表示检验在 1%、5%、10%水平上统计显著。

在模型（3）中，审计意见（*op*）与三种关联类型的交叉项 *op · turnover*、*op · change* 和 *op · continue* 的系数均不显著，而 *turnover* 和 *change* 的系数依然显著为负，*continue* 的系数也仍然不显著，表明有关联公司的审计意见与审计费用的相关性与无关联的公司相比并无显著差异，即没有显著的证据表明事务所关联影响了审计意见对审计费用的作用关系。与模型（1）和模型（2）中的系数相比，模型（3）中审计意见（op）的系数仍然显著为正，说明在没有关联关系情况下，收到"非标意见"的公司会支付较高的审计费用，审计意见的差异性导致了审计费用的不同。因此，假设 H2 没有得到支持。另外，其他控制因素也保持了模型（1）和模型（2）的系数符号和显著性。

第六节　研究结论、意义及启示

本章运用 2004—2007 年中国上市公司作为研究样本，考察了会计师事务所关联与审计收费之间的关系。研究发现，有会计师事务所关联公司的审计费用比没有关联的公司显著的低。深层次的证据表明，雇佣关联下被更换的"新"高管，以及回报关联下被更换的"新"会计师事务所与对方签订的审计合约是首次审计合约，导致了初始审计定价折扣，从而造成会计师事务所关联的公司有较低的审计收费。

本章的实证结果揭示了会计师事务所与审计客户在经济利益上的联系，明确了审计收费的决定因素，扩展了初始审计定价折扣模型，为 DeAngelo（1981a）的分析模型提供了新的经验证据，丰富了会计师事务所关联和审计定价方面的文献。本章对遏制会计师事务所低价竞争，提高审计质量，促进注册会计师行业健康发展，保护投资者和公众的利益，有着积极的现实意义；同时，也为当前建立健全审计收费相关法规提供了支持性的经验证据。

本章的研究结论给我们提供了如下启示：（1）会计师事务所关联是审计收费的决定因素之一，它的初次建立能带来初始审计定价折扣，但是事务所关联具有隐蔽性等特点，不易识别，因此，在观察上市公司审计定价行为时，应该特别注意"事务所关联"。（2）不仅会计师事务所更换会带来初始审计定价折扣，而且高管更换引起的高管团队变化，也能对审计合约的签订产生影响，签订的审计合约同样是首次审计合约，也会产生初始审计定价折扣，后一种行为引发的审计定价后果易被忽略，应该引起我们的足够重视。

第六章 高管的 CPA 工作背景、关联关系与应计、真实盈余管理

第一节 引言

"萨班斯法案"限制公司聘任"前任审计师"后,"会计师事务所关联"①再度成为研究者追逐的热点。以"萨班斯法案"实施前为背景的经验研究发现,"事务所关联"削弱了审计独立性和审计质量。有"事务所关联"的公司更容易获得"标准审计意见"(Lennox,2005),有更多的应计盈余管理行为(Dowdell and Krishnan,2004;Menon and Williams,2004)。但是,也有一些研究并未发现"事务所关联"与应计盈余之间的显著关系(Geiger 等,2005;Geiger and North,2006)。Geiger 等(2008)反而发现任命有"事务所关联"的财务高管带来了正的市场反应,没有导致应计盈余的显著变化,这个结果并不支持"萨班斯法案"对"事务所关联"的限制。最近,以"萨班斯法案"的实施为研究背景的结论也不支持这一限制行为。相反,聘请"事务所关联"的前合伙人任职于审计委员会,能对内部控制和财务报告行使更为有效的监管,因此,"事务所关联"的公司有更少的应计盈余(Naiker and Sharma,2009),还能通过减少从以前事务所购买非审计服务来降低对审计独立性的威胁(Naiker 等,2013)。可见,以美国为背景的"事务所关联"进行的经验研究,并未取得一致的证据,尤其是事务所关联与应计盈余间的关系甚为模糊。

新近的研究发现,与应计盈余管理一样,真实的盈余管理也是一种夸大报告盈余的重要手段(Roychowdhury,2006;Cohen 等,2008;Gunny,

---

① 为了叙述的便利,"会计师事务所关联"简称"事务所关联"。"有 CPA 工作背景的高管"简称为"FA 高管",它包括"有事务所关联的高管"(简称为"AFA 高管")和"没有事务所关联的高管"(简称为"UAFA 高管");与之相对应的,拥有"FA""AFA""UAFA"高管的公司分别简称为"FA""AFA""UAFA"公司,没有"FA 高管"的公司则称为"UFA 公司"。

2010；Zang，2012）。而且真实盈余管理与应计盈余管理之间的关系随外部监管环境变化而不同。高质量的外部审计限制应计盈余管理时，公司会转向真实盈余管理（Chi 等，2011；Alhadab 等，2013），高质量风险资本的监管作用能同时限制真实与应计盈余管理（Wongsunwai，2013）。现有的研究已经表明，"事务所关联"会引起公司外部监管环境的变化，尤其是审计师的监管作用，它又如何改变真实与应计盈余管理之间的关系？围绕美国"萨班斯法案"开展的研究并未回答这一问题。以中国的制度背景开展的"事务所关联"研究也发现，"事务所关联"能削弱审计质量、延长审计任期、带来初始审计定价折扣（Liu，2011；Liu 等，2011；刘继红，2011）。但是中国并不像美国那样颁发"萨班斯法案"来加强对上市公司的监管，并且"萨班斯法案"还特别限制了"事务所关联"。因此，与美国相比，中国的上市公司面临着较为宽松的审计监管。而关系文化较为突出的中国，滋生了较为普遍的"事务所关联"关系，营造了更为宽松的审计监管环境，这可能导致真实与应计盈余管理之间的关系不同于美国，从而成为本章的研究动机。

在类似于美国"萨班斯法案"前的制度背景下，本章考察了高管的"CPA 工作背景"、"事务所关联"与应计、真实盈余管理间的关系。没有显著证据显示 FA 高管能够限制公司的应计和真实盈余管理水平；但是，相对于 UAFA 公司来说，AFA 公司有更高的应计盈余管理和较低的真实盈余管理。这表明，事务所关联带来的宽松的外部审计，使得公司有更多的应计盈余管理空间，而无须转向较高成本的真实盈余管理。这从另外一个角度证明了外部审计监管环境的不同导致了盈余管理方式的差异。鉴于此，中国的监管者应该加强对审计师"跳槽"行为的限制。

第二节 文献与研究假设

FA 高管对盈余管理可能有监督治理效应。FA 高管曾经在事务所接受过系统、专业的训练，他们拥有处理各种复杂会计业务和交易的经验，审计过各行各业的客户，而让他们拥有行业专长（Beasley 等，2000；Imhoff，1978）。"萨班斯法案"第 406 条和第 407 条也规定，有监管财务报告责任人的经历，具有监督公司业绩的经验，以及其他类似经历的人，才有资格成为董事会的财务专家。可见，财务专家对财务报告具有监督作用。

DeFond 等（2005）的研究也发现，当这种专业会计的财务专家进入审计委员会时，市场反应显著为正，而聘用非专业会计的财务专家的市场反应不显著，这表明专业的会计知识技能提高了财务报告的质量，填补了公司治理，提升了股东的价值。Xie 等（2003）的研究发现，当审计委员会成员中包含有财务技能的专家时，公司有更少的非正常应计盈余。FA 高管拥有丰富的专业会计知识和技能，属于"萨班斯法案"定义的财务专家的类型之一，因此，聘任 FA 高管能够让公司受益，限制盈余管理，提升财务报告质量。与应计盈余管理一样，真实的盈余管理也是一种夸大报告盈余的重要手段（Roychowdhury，2006；Cohen 等，2008；Gunny，2010；Zang，2012），高质量风险资本的外部监督作用能同时减少公司的应计和真实盈余管理（Wongsunwai，2013），因此，发挥监管作用的 FA 高管同样可以限制公司的应计和真实盈余管理，即有假设 H1。

H1：相对于 UFA 公司来说，FA 公司会有更少的应计、真实盈余管理。

FA 高管加入其客户，成为"AFA 高管"，他还可能拥有更多关于这一客户的专门会计知识和对这一客户更为系统的理解，这些知识和能力可以让高管更为迅速、有效地步入其专业岗位（Geiger 等，2008），也能提升公司财务报告的质量（Dowdell and Krishnan，2004；Naiker 等，2013）。ISB（the Independence Standards Board，2000b）也不支持限制公司聘用 AFA 高管，因为从事务所聘任一个拥有专门知识的 FA 高管，可以向投资者再度保证财务报表的可靠性；在某种程度上，限制公司雇佣有资格的 FA 高管，还可能削弱财务报告的质量（ISB，1999）。最近的一些研究也不支持"萨班斯法案"对公司聘用 AFA 高管的限制（Geiger 等，2008；Naiker and Sharma，2009；Naiker 等，2013），其原因也在于 AFA 高管的专业技能和监督作用能让公司和股东受益，并且 AFA 高管的作用要强于 UAFA 高管。因此，在限制公司的应计和真实盈余管理方面，AFA 高管的作用要强于 UAFA 高管，那么 AFA 公司比 UAFA 公司有更少的应计和真实盈余管理行为。据此有假设 H2a。

H2a：相对于 UAFA 公司来说，AFA 公司会有更少的应计、真实盈余管理。

另一方面，AFA 高管能够改变公司的外部审计监管，他们拥有的专门知识和潜在的私人关系赋予了他们进行额外应计盈余管理的能力，降低了应计盈余管理被发现、挑战和更正的可能性（Geiger 等，2005）。高管以前的审计工作经历，使其熟知事务所将要采用的私密的审计计划和测试方法，AFA 高管可以绕开它们（Dowdell and Krishnan，2004；Lennox，2005），而 UAFA 高管并不具备这一优势。由于以前的同事关系，审计组的成员对 AFA 高管可能过度的友好或信任，因此他们不愿意去挑战以前同事的判断，从而丧失应有的客观性和职业怀疑（Dowdell and Krishnan，2004；Lennox，2005）。相反，审计组的成员对 UAFA 高管更加警觉，可能会保持更高程度的职业怀疑。如果审计师的怀疑水平降低，他们对应计的行为不会保守，AFA 公司会有较大的非正常应计（Menon and Williams，2004）。Parlin and Bartlett（1994）也证实，当公司的主计长有事务所关联时，审计师对公司的重要性水平作了较大的初步估计。这可能导致审计师接受应计盈余管理的水平也更高。因此，相对于 UAFA 公司而言，AFA 公司应计盈余会更多。

大量的研究显示真实和应计盈余管理的水平可能是不同的，这取决于这两种操作盈余方法成本和收益的大小（Roychowdhury，2006；Cohen 等，2008；Gunny，2010；Zang，2012；Alhadab 等，2013）。Graham 等（2005）的研究显示，管理者更偏好选择真实盈余管理而非应计，为了避免审计师和监管者的详细审查。Ewert and Wagenhofer（2005）的理论分析也认为，会计准则加强限制应计盈余管理以后，公司的真实盈余管理增加了。Cohen 等（2008）也发现，"萨班斯法案"实施后公司采用了更高水平的真实盈余管理。这些研究表明，更为严厉的监管减少了应计盈余管理，让公司转向从事代价更高的真实盈余管理。

Chi 等（2011）发现 SEO 公司有强烈的动机管理盈余，他们运用了更高水平的真实盈余管理来避免 big-N 对应计盈余管理的监管。Cohen and Zarowin（2010）也提供了相似的证据，big-N 审计的 SEO 公司在融资当年更加倾向采用真实的盈余管理。Alhadab 等（2013）还发现，big-N 审计限制了 IPO 公司的应计和可操控性费用，使得公司通过操控经营活动现金流进行了更多的真实盈余管理，而且这类公司的绩效在 IPO 之后严重下滑。这些证据显示，当高质量的外部审计监管限制应计盈余管理时，公司采用更高水平的真实盈余管理，即使真实的盈余管理成本更高。

Zang（2012）还发现管理者交互替代的使用真实和应计盈余管理。使用应计还是真实盈余管理取决于他们的成本和收益的大小以及轻松程度。

AFA 公司面临更加宽松的审计监管，有更多的应计盈余管理。因此，AFA 公司不会有更高水平的真实盈余管理，甚至有更低的水平。

H2b：相对于 UAFA 公司来说，AFA 公司会有更多的应计盈余，更少的真实盈余管理。

第三节　研究设计

一　样本选择

本章计算的关键变量"应计"与"真实"盈余管理涉及前一年年报数据。2007 年，中国 A 股上市公司施行的企业会计准则发生了重大变化，为了减少新会计准则实施对盈余管理产生的影响，本章选择 2008—2011 年度中国 A 股上市公司作为研究样本。在此基础上剔除了：(1) 金融行业的公司；(2) 估计应计、真实盈余管理时所需变量缺失的样本，同行业、同年度样本量在 5 以下的样本；(3) 其他控制变量缺失的样本公司。最终样本量为 6196。

二　关键变量定义与计算

1. 应计盈余管理

本章采用 Dechow 等（1995）修正的 Jones 模型来估计"应计盈余"，具体为式（1）分行业和年度普通最小二乘（OLS）估计的残差，用 TA_res 表示。

$$TA_t/A_{t-1} = \kappa_1(1/A_{t-1}) + \kappa_2(\Delta S_t/A_{t-1} - \Delta REC_t/A_{t-1}) + \kappa_3(PPE_t/A_{t-1}) + \varepsilon_t \quad (1)$$

其中，$TA_t = NI_t - CFO_t$，NI_t 为第 t 年净利润，CFO_t 为第 t 年的经营活动现金流量净额，A_{t-1} 为第 $t-1$ 年末总资产，ΔS_t 为第 t 年和第 $t-1$ 年营业收入之差，ΔREC_t 第 t 年和第 $t-1$ 年应收账款的差额，PPE_t 为第 t 年末固定资产原值。

2. 真实盈余管理

本章借鉴 Cohen 等（2008）的方法，衡量了"真实盈余"管理。他们认为，扩大销售和生产、降低可操控性费用是进行真实盈余管理的重要手段，其程度为式（2）—（4）区分行业和年度估计的残差："异常经营活动现金流（C_res）"、"异常生产成本（P_res）"以及"异常可操控性费用（D_res）"。然后，用它们"标准化"之后的和（REM）来衡量真实的盈余管理。

$$CFO_t/A_{t-1} = a_1(1/A_{t-1}) + a_2(St/A_{t-1}) + a_3(\Delta St/A_{t-1}) + \varepsilon_t \quad (2)$$

$$PRODt/A_{t-1} = b_1(1/A_{t-1}) + b_2(St/A_{t-1}) + b_3(\Delta St/A_{t-1})$$
$$+ b_4(\Delta St - 1/A_{t-1}) + \varepsilon_t \quad (3)$$

$$DEXP_t/A_{t-1} = c_1(1/A_{t-1}) + c_2(St - 1/A_{t-1}) + \varepsilon_t \quad (4)$$

其中，ΔS_{t-1} 为第 $t-1$ 年营业收入（S_{t-1}）和第 $t-2$ 年营业收入的差，$PROD_t$ 为第 t 年"销货成本（营业成本）"与"存货"增加额的和，$DEXP_t$ 是第 t 年"管理费用""销售费用"之和，其余的变量同式（1）。

3. 高管 CPA 工作背景与事务所关联

高管的"CPA 工作背景"和"事务所关联"是本章的关键解释变量。首先，通过财务报告中披露的高管个人工作简历来识别其事务所工作背景；其次，借鉴 Liu 等（2011）和刘继红（2011）的判断方法和定义，对高管曾经（或现在）工作的会计师事务所与当前任职公司聘请的会计师事务所相同的，判定为"事务所关联"，认定该高管或该公司与事务所之间存在"事务所关联"关系。本章用"人数"及"虚拟变量"两种测量水平来衡量高管的事务所工作背景与关联程度。会计师事务所资料来源于中国证监会网站和中国会计视野网站。

三 模型设定

为了检验假设 H1，本章采用 OLS 拟合了模型（5）、模型（6）用来验证假设 H2a 和假设 H2b。

$$EM_t = \beta_0 + \beta_1 \cdot FA_t + \beta_3 \cdot SIZE_{t-1} + \beta_4 \cdot LEV_{t-1} + \beta_5 \cdot ROA_{t-1} +$$
$$\beta_6 \cdot \Delta E_{t-1} + \beta_7 \cdot LOSS_{t-1} + \beta_8 \cdot MNG_t + \beta_9 \cdot BIG4_t + \beta_{10} \cdot AGE_t + \zeta \quad (5)$$

$$EM_t = \beta_0 + \lambda_1 \cdot FA_t + \lambda_2 \cdot AFA_t + \lambda_3 \cdot SIZE_{t-1} + \lambda_4 \cdot LEV_{t-1} +$$
$$\lambda_5 \cdot ROA_{t-1} + \lambda_6 \cdot \Delta E_{t-1} + \lambda_7 \cdot LOSS_{t-1} + \lambda_8 \cdot MNG_t$$
$$+ \lambda_9 \cdot BIG4_t + \lambda_{10} \cdot AGE_t + \zeta \quad (6)$$

EM 是由式（1）—（4）计算出来的应计（TA_res）、真实盈余管理（C_res、P_res、D_res 和 REM）。FA 为上市公司拥有 CPA 高管的数量水平，用两种方式衡量：(1) FA_N 为上市公司拥有 CPA 高管人数；(2) FA_D，当 $FA\_N \geq 1$ 时，$FA\_D = 1$，否则为 0。如果 β_1 显著为负，

表明 FA 公司比 UFA 公司有更少的应计与真实的盈余管理。根据假设 H1 的推导，预计 β_1 显著为负。

与 FA 相对应的，AFA 也有两种衡量水平：（1）AFA_N，为上市公司拥有"事务所关联"高管的人数；（2）AFA_D，当 $AFA\_N \geq 1$ 时，$AFA\_D=1$，否则为 0。无论 EM 为"应计盈余管理"，还是"真实盈余管理"，如果 λ_2 均一致显著为负，则说明 AFA 公司比 UAFA 公司有"更少"的应计与真实的盈余管理。据假设 H2a，预计 λ_2 显著为负。而根据假设 H2b，当 EM 为"真实盈余管理"时，预计 λ_2 显著为负；同时，当 EM 为"应计盈余"时，λ_2 则显著为正。如果 λ_1 显著为负，则表明 UAFA 公司比 UFA 公司有更少的应计与真实的盈余管理。根据假设 H1 的推导过程，预计 λ_1 也应显著为负。

借鉴 Chi 等（2011）和 Cohen 等（2008）的研究，我们还控制了上一年（第 $t-1$ 年）公司资产规模（SIZE）、资本结构（LEV）、盈利能力（ROA）、净利润增长（ΔE）、亏损状况（LOSS，虚拟变量），以及当年（第 t 年）公司高管持股比例（MNG）、事务所规模（BIG4）以及上市年限（AGE）。

第四节 实证结果

一 描述性统计

表 6-1 报告了描述性统计的结果。其中，FA_D 的均值为 0.429，中位数为 0，说明不到一半的样本公司雇佣了有 CPA 工作背景的高管，而雇佣人数最多的达 4 人（FA_N 的最大值），在 6196 个公司样本中，平均每家雇佣 0.515 人（FA_N 的均值）。在雇佣 FA 高管的 2657 家公司中，只有 360 家存在事务所关联，占总样本的 6.2%（AFA_D 的均值），AFA_N 的最大值 3，说明样本公司中雇佣 AFA 高管最多只有 3 人。这在一定程度上表明 FA 和 AFA 高管存在的价值和普遍性。通过比较 FA 公司和 UFA 公司的应计与真实盈余管理的均值和中位数，发现 2657 家 FA 公司的 TA_res 高于 3539 家 UFA 公司，而 FA 公司其他盈余管理指标均低于 UFA 公司，但是均值和中位数的差异检验均表明，两类公司的应计和真实盈余管理的差异并不显著。单变量的检验结果没有支持假设 H1。

在 2657 家 FA 公司中，360 家 AFA 公司的应计盈余管理 TA_res 的均值为 0.017，中位数为 0.013，而剩下的 2297 家 FA 公司（即 UAFA 公司）TA_res 的均值和中位数分别为 0.001 和 0.003，AFA 公司的应计盈余管理水平显著高于 UAFA 公司；对比这两个样本群的真实盈余管理，AFA 公司的 REM 均值和中位数分别为 −0.013 和 −0.004，对应的 UAFA 公司分别为 0.007 和 0.012，AFA 公司的 REM 均值和中位数均远低于 UAFA 公司，并且在 1% 的水平上显著。单变量的检验验证了假设 H2b。比较 AFA 与 UFA 公司的真实与应计盈余管理，也有相似的结论。

表 6-1　　描述性统计

变量	样本量	均值	标准差	最小值	1/4 分位	中位数	3/4 分位	最大值
TA_res	6196	0.001	0.136	−0.297	−0.070	0.003	0.076	0.286
REM	6196	0.007	0.143	−0.323	−0.063	0.012	0.086	0.295
FA_N	6196	0.515	0.666	0	0	0	1	4
FA_D	6196	0.429	0.495	0	0	0	1	1
AFA_N	6196	0.062	0.260	0	0	0	0	3
AFA_D	6196	0.058	0.234	0	0	0	0	1
SIZE	6196	21.560	1.124	19.690	20.730	21.460	22.290	23.880
LEV	6196	0.514	0.200	0.152	0.364	0.517	0.662	0.884
ROA	6196	0.038	0.052	−0.088	0.012	0.036	0.066	0.142
ΔE	6196	0.009	0.051	−0.109	−0.009	0.007	0.027	0.133
LOSS	6196	0.113	0.317	0	0	0	0	1
MNG	6196	0.028	0.081	0.000	0.000	0.000	0.0004	0.320
BIG4	6196	0.057	0.232	0	0	0	0	1
AGE	6196	2.408	0.454	1.386	2.197	2.565	2.773	2.944
(1) UFA 公司样本								
TA_res	3539	−0.001	0.135	−0.297	−0.072	0.002	0.072	0.286
REM	3539	0.009	0.141	−0.323	−0.059	0.015	0.085	0.295
(2) FA 公司样本 = (3) + (4)								
TA_res	2657	0.003	0.138	−0.297	−0.069	0.005	0.081	0.286
REM	2657	0.004	0.146	−0.323	−0.070	0.009	0.086	0.295

续表

变量	样本量	均值	标准差	最小值	1/4分位	中位数	3/4分位	最大值
(3) AFA 公司样本								
TA_res	360	0.017	0.127	-0.297	-0.054	0.013	0.090	0.286
REM	360	-0.013	0.144	-0.323	-0.086	-0.004	0.063	0.295
(4) UAFA 公司样本								
TA_res	2297	0.001	0.140	-0.297	-0.071	0.003	0.080	0.286
REM	2297	0.007	0.146	-0.323	-0.066	0.012	0.090	0.295
FA 与 UFA 公司样本盈余管理均值与中位数比较 (2) — (1)								
	均值差	T 值	中位数	Z 值				
TA_res	0.004	1.15	0.002	1.21				
REM	-0.005	-1.23	-0.006	-1.29				
AFA 与 UAFA 公司样本盈余管理均值与中位数比较 (3) — (4)								
	均值差	T 值	中位数	Z 值				
TA_res	0.016**	2.04	0.010*	1.87				
REM	-0.019**	-2.33	-0.016***	-2.86				
AFA 与 UFA 公司样本盈余管理均值与中位数比较 (3) — (1)								
	均值差	T 值	中位数	Z 值				
TA_res	0.018***	2.40	0.011**	2.26				
REM	-0.021***	-2.71	-0.019***	-3.24				

注：***、**、*分别表示检验在1%、5%、10%水平上统计显著；所有连续变量都经过5%的winsorize处理。

二 回归结果

表6-2报告了假设H1的检验结果。模型5-（1）和5-（6）中，FA的系数分别为0.002和0.004，表明FA公司的应计盈余管理水平高于UFA公司，但是对应的T统计量表明这种差异并不显著；而模型5-（2）和5-（7）中，FA的系数均为负，也不显著，真实的盈余管理水平同样没有显著差异。这说明，FA高管的经验和技能没能显著地发挥监督作用，公司的盈余管理水平没有得到有效限制。这个结论类似于表6-1报告的单变量检验结果，多变量回归的结果也没有支持假设H1。

表 6-2　事务所工作背景与应计、真实盈余管理 cluster2 回归结果

变量	模型 5-（1）	模型 5-（2）	模型 5-（6）	模型 5-（7）
	TA_res	REM	TA_res	REM
	$FA=FA\_N$		$FA=FA\_D$	
FA	0.002	−0.004	0.004	−0.006
	(0.79)	(−1.09)	(0.96)	(−1.04)
SIZE	0.001	−0.002	0.001	−0.002
	(0.26)	(−0.33)	(0.26)	(−0.32)
LEV	0.020	−0.031***	0.019	−0.031***
	(1.42)	(−2.65)	(1.41)	(−2.65)
ROA	0.268***	−0.195***	0.268***	−0.195***
	(3.05)	(−2.82)	(3.06)	(−2.81)
ΔE	0.014	0.051	0.014	0.051
	(0.30)	(1.61)	(0.30)	(1.60)
LOSS	0.010	0.023	0.010	0.023
	(0.79)	(1.30)	(0.79)	(1.29)
MNG	0.045***	−0.006	0.045***	−0.006
	(3.31)	(−0.15)	(3.28)	(−0.16)
BIG4	−0.011**	0.023*	−0.011**	0.023*
	(−2.18)	(1.80)	(−2.17)	(1.79)
AGE	−0.011**	0.003	−0.011**	0.003
	(−2.08)	(0.48)	(−2.07)	(0.48)
截距项	−0.019	0.063	−0.019	0.063
	(−0.21)	(0.46)	(−0.21)	(0.46)
样本量	6196	6196	6196	6196
Adj. R^2	0.010	0.010	0.010	0.010
F	7.204	6.271	7.262	6.324

注：***、**、* 分别表示检验在 1%、5%、10% 水平上统计显著；所有连续变量都经过 5% 的 winsorize 处理；括号中为对应的 T 统计量，其标准误差分公司和年度进行了修正。

表6-3 提供了模型6 的回归结果。当 AFA 为"事务所关联"高管的人数时,即 AFA=AFA_N,它在模型6-(1) 中系数为0.014,且在1%的水平上显著,表明 AFA 公司的应计盈余管理水平 TA_res 显著高于 UAFA 公司;模型6-(2) 中,AFA 的系数为-0.016,也在5%的水平上显著,说明 AFA 公司的真实盈余管理 REM 显著低于 UAFA 公司。结合模型6-(1) 和模型6-(2) AFA 的系数看来,表明 AFA 高管有能力进行额外的应计盈余管理(Geiger 等,2005),并使得审计师接受更高水平的应计盈余管理(Parlin and Bartlett,1994);同时,AFA 高管让公司面临的审计监管更为宽松,因此公司没有转向成本更高的真实盈余管理,且比 UAFA 公司的真实盈余管理还要低。当 AFA 为虚拟变量 AFA_D 时,同样的结论可以从模型6-(6) 和模型6-(7) 中获得。两种"事务所关联"观测水平下的回归结果一致地支持了假设 H2b。

表6-3 事务所关联与应计、真实盈余管理 cluster2 回归结果

变量	模型6-(1)	模型6-(2)	模型6-(6)	模型6-(7)
	TA_res	REM	TA_res	REM
	$AFA=AFA\_N$	$FA=FA\_N$	$AFA=AFA\_D$	$FA=FA\_D$
AFA	0.014***	-0.016**	0.015**	-0.018**
	(2.67)	(-2.20)	(2.39)	(-2.24)
FA	0.001	-0.002	0.002	-0.003
	(0.26)	(-0.51)	(0.52)	(-0.60)
SIZE	0.001	-0.002	0.001	-0.002
	(0.21)	(-0.28)	(0.22)	(-0.28)
LEV	0.02	-0.032***	0.02	-0.032***
	(1.44)	(-2.68)	(1.43)	(-2.69)
ROA	0.269***	-0.196***	0.269***	-0.196***
	(3.05)	(-2.82)	(3.05)	(-2.81)
ΔE	0.014	0.051	0.014	0.05
	(0.31)	(1.56)	(0.32)	(1.55)
LOSS	0.011	0.023	0.01	0.023
	(0.82)	(1.28)	(0.81)	(1.28)

续表

变量	模型 6-(1) TA_res AFA=AFA_N	模型 6-(2) REM FA=FA_N	模型 6-(6) TA_res AFA=AFA_D	模型 6-(7) REM FA=FA_D
MNG	0.043***	-0.004	0.043***	-0.004
	(3.28)	(-0.10)	(3.34)	(-0.10)
BIG4	-0.012**	0.024*	-0.011**	0.003
	(-2.25)	(1.89)	(-2.05)	(0.49)
AGE	-0.011**	0.003	-0.012**	0.023*
	(-2.06)	(0.51)	(-2.21)	(1.86)
截距项	-0.013	0.057	-0.015	0.058
	(-0.15)	(0.42)	(-0.16)	(0.42)
样本量	6196	6196	6196	6196
Adj. R^2	0.011	0.01	0.01	0.01
F	6.982	6.271	7.03	6.25

注：***、**、* 分别表示检验在 1%、5%、10% 水平上统计显著；所有连续变量都经过 5% 的 winsorize 处理；括号中为对应的 T 统计量，其标准误差分公司和年度进行了修正。

三 稳健性检验

为了检验本章研究结论的可靠性，我们还做了以下几个方面的稳健性测试，同时将计算真实盈余管理的三个指标 C_res、P_res 和 D_res 分别作了分析，结果报告在表 6-4 当中。

首先，剔除 UFA 样本，只利用 2657 个 FA 公司作为研究样本，这可以防止因高管简历披露不详，或因高管 CPA 工作背景没有得到披露，而将本来应该判断为 FA、AFA 公司的样本，错误识别为 UFA、UAFA 样本，从而造成有偏误的研究结论。表 6-4（1）中的结果表明，AFA 公司有更多的应计，更少的真实盈余管理，支持假设 H2b。

其次，为了测试行业和年度的固定效应产生的影响，我们在模型 6-（6）中加入了行业虚拟变量，并在公司和年度层面对标准误差进行了修正，cluster2 回归的结果见表 6-4（2），主要的结论没有发生大的变化；在模型 6-（6）中加入行业和年度虚拟变量后，表 6-4（3）OLS 估计的

第六章 高管的 CPA 工作背景、关联关系与应计、真实盈余管理

表 6-4 事务所关联与应计、真实盈余管理稳健性检验结果

变量	TA_res	REM	C_res	P_res	D_res	TA_res	REM	C_res	P_res	D_res
	AFA=AFA_N FA=FA_N					AFA=AFA_D FA=FA_D				
(1) 只保留有事务所背景高管的公司样本 (2657), cluster2 回归结果										
AFA	0.012**	-0.015**	-0.008*	-0.007*	0.009	0.013**	-0.017**	-0.009**	-0.008*	0.017
	(1.96)	(-2.23)	(-1.84)	(-1.83)	(0.65)	(2.03)	(-2.17)	(-2.12)	(-1.72)	(1.03)
(2) 控制行业固定效应, 全样本 (6196), cluster2 回归结果										
AFA	0.012*	-0.012*	-0.007	-0.007**	0.013	0.014*	-0.014*	-0.009**	-0.008*	0.025
	(1.95)	(-1.94)	(-1.47)	(-2.02)	(0.90)	(1.87)	(-1.93)	(-2.00)	(-1.72)	(1.48)
FA	-0.001	-0.002	-0.001	0.002	0	-0.000	-0.004	-0.001	0.001	-0.008
	(-0.19)	(-0.75)	(-1.28)	(1.00)	(-0.03)	(-0.10)	(-0.96)	(-0.51)	(0.59)	(-0.84)
(3) 控制行业、年度效应, 全样本 (6196), OLS 回归结果										
AFA	0.012*	-0.013*	-0.007*	-0.008	0.013	0.013*	-0.014*	-0.009**	-0.008	0.025*
	(1.72)	(-1.86)	(-1.80)	(-1.62)	(1.08)	(1.83)	(-1.82)	(-2.18)	(-1.55)	(1.81)
FA	-0.000	-0.002	-0.001	0.002	0.000	-0.000	-0.004	-0.001	0.001	-0.008
	(-0.09)	(-0.61)	(-0.78)	(0.59)	(0.00)	(-0.03)	(-1.03)	(-0.38)	(0.48)	(-1.15)
(4) 真实与应计盈余管理估计时带截距项, REM=-C_res+P_res+D_res, 全样本 (6196), cluster2 回归结果										
AFA	0.016**	-0.012*	-0.007	-0.009***	0.016	0.018**	-0.014*	-0.011**	-0.008**	0.027
	(2.05)	(-1.85)	(-1.41)	(-2.80)	(1.03)	(1.99)	(-1.67)	(-2.25)	(-2.10)	(1.51)
FA	-0.001	0.004	-0.001	0.001	-0.005	-0.002	-0.005	-0.000	-0.000	-0.013
	(-0.31)	(1.36)	(-1.34)	(0.51)	(-0.82)	(-0.39)	(-1.13)	(-0.12)	(-0.08)	(-1.51)

注：***、**、* 分别表示检验在 1%、5%、10% 水平上统计显著；所有连续变量都经过 5% 的 winsorize 处理，其标准误差分公司和年度进行了修正（除（3）以外）。括号中为对应的 T 统计量。

结果依然支持假设 H2b。

最后，改变应计和真实盈余管理方法。大多数的文献在估计应计和真实盈余管理时没有在式（1）—式（4）放入常数项，但是 Roychowdhury（2006）、Kothari 等（2012）以及 Zang（2012）的估计模型中存在常数项，因此为了减少估计模型的差异形成的偏差，我们也在式（1）—（4）中放入了常数项；同时，我们采用 Chi 等（2011）和 Cohen 等（2008）的另一种真实盈余管理衡量方法，将 C_res、P_res 和 D_res 标准化后，令 $REM=-C\_res+P\_res-D\_res$，表 6-4（4）提供的回归结果表明，主要的结论仍然支持假设 H2b。

第五节　研究结论及建议

本章立足于中国的制度背景，考察了高管的"CPA 工作背景"和"事务所关联"对公司盈余管理的影响。没有显著的证据表明，CPA 高管的经验、技能会显著地监督和限制公司的盈余管理行为；但是，"事务所关联"赋予了高管进行额外应计盈余管理的能力，能让审计师接受更高水平的应计盈余管理，使得公司面临的审计监管更为宽松，公司没有转向成本更高的真实盈余管理，而有更低水平的真实盈余管理。这个现象说明，在中国上市公司中，CPA 高管的工作技能和经验没能让公司受益，不仅在盈余管理方面没有发挥应有的监管作用，反而"助纣为虐"，使得公司有更高水平的应计盈余管理。因此，中国的监管者应该借鉴美国"萨班斯法案"，加强对审计师"跳槽"行为的限制，尤其是审计师到所审客户任职。

第七章 高管的 CPA 工作背景、关联关系与股价同步性

第一节 引言

公司聘请审计师出任高管,一直是实务界和学界所关注的重要议题。公司聘请"前任"审计师出任高管形成"会计师事务所关联"。尽管"萨班斯法案"对这一行为进行了限制,但其作用具有两面性,这已成为研究者争论的焦点。一种观点认为"事务所关联"会降低财务报告质量和审计质量。这些研究主要以"萨班斯法案"实施前为背景,他们发现有"事务所关联"的公司更容易获得"标准审计意见"(Lennox, 2005),有更多的应计盈余管理行为(Dowdell and Krishnan, 2004; Menon and Williams, 2004);另一种观点却认为"萨班斯法案"对"事务所关联"的限制没有必要。比如,Geiger 等(2005)以及 Geiger and North(2006)并未发现"事务所关联"与应计盈余之间存在显著的关系。Geiger 等(2008)却发现任命有"事务所关联"的财务高管带来了正的市场反应,但没有导致应计盈余的显著变化,这个结果并不支持"萨班斯法案"对"事务所关联"的限制。最近以"萨班斯法案"的实施为研究背景的结论也不支持这一限制行为。相反,聘请"事务所关联"的前合伙人任职于审计委员会,能对内部控制和财务报告实施更为有效的监管,因此,"事务所关联"的公司有更少的应计盈余(Naiker and Sharma, 2009),还能通过减少从以前事务所购买非审计服务来降低对审计独立性的威胁(Naiker 等, 2013)。可见,"事务所关联"会影响财务报告质量和审计质量,但是,它究竟扮演何种角色仍然需要取得更为深入的经验证据。

Kim and Verrecchia(1994, 1997)的研究显示,公开信息的披露会使得拥有各种信息处理技巧的中介产生新的异质性信息。根据 Morck 等(2000)的"信息效率观",公司异质性信息最终会反映在股价当中,异质性信息越多,股价同步性越低。可见,财务报告作为最为重要的信息

公开手段，其质量高低直接导致了异质性信息的产生，决定了公司股价的同步性。"事务所关联"对财务报告和审计的质量有正反两方面的影响，它与公司股价同步性间的关系如何？围绕美国"萨班斯法案"开展的研究并未回答这一问题。以中国的制度背景开展的"事务所关联"研究也发现，"事务所关联"能削弱审计质量、延长审计任期、带来初始审计定价折扣（Liu，2011；Liu 等，2011；刘继红，2011）。然而，与美国不同，中国没有像"萨班斯法案"那样特别限制"事务所关联"，而且中国关系文化较为突出，可能滋生更为普遍的"事务所关联"关系，一些证据表明，关系是影响股价同步性的重要因素（李留闯等，2012；李增泉等，2011；唐松等，2011；王艳艳和于李胜，2013）。其次，中国证券市场股价"同涨同跌"现象非常严重（许年行等，2011）；且与其他国家相比，中国股价同步性程度非常高（Chan and Hameed，2006；Jin and Myers，2006；Morck 等，2000），但是造成这一现象的具体决定因素没有得到揭示。因此，探索"事务所关联"与股价同步性间的关系，有利于发掘中国股价同步性高的特殊动因。

第二节　文献与研究假设

FA 高管有助于财务报告政策的选择，偏爱更为稳健的会计政策（Brochet and Welch，2011）。有财务或会计工作背景的管理者会采用更为精确的方式披露自愿性信息（Bamber 等，2010）。Kim and Verrecchia（1994，1997）认为，公开信息的披露有利于拥有各种信息处理技巧的中介产生新的异质性信息。根据"信息效率观"（Morck 等，2000），公司异质性信息最终会反映在股价当中，异质性信息越多，股价同步性越低。可见，高管的工作背景直接影响了公开信息的披露，导致了异质性信息的产生，决定了公司股价的同步性。

财务报告作为重要的公开信息的手段，FA 高管有助于提升它的质量，降低公司的股价同步性。FA 高管曾经在事务所接受过系统、专业的训练，他们拥有处理各种复杂会计业务和交易的经验，审计过各行各业的客户，而让他们拥有行业专长（Beasley 等，2000；Imhoff，1978）。"萨班斯法案"第 406 条和第 407 条也规定，有监管财务报告责任人的经历，具有监督公司业绩的经验，以及其他类似经历的人，才有资格成为董事会的财务专家。可见,财务专家对财务报告具有监督作用。DeFond 等(2005)的研究也发现,当这种专业会计的财务专家进入审计委员会时,市场反应显著为正,而非专业会计的财务专家的市场反应不显著,这表明专业的会计知识技能提高了财务报告的质量,填补了公司治理,提升了股东的价值。Xie 等(2003)的研究还发现,当审计委员会成员中包含有财务技能的专家时,公司有更少的非正常应计盈余。总的看来,FA 高管拥有丰富的专业会计知识和技能,能够提升财务报告质量。而高质量的财务报告有利于公司异质性信息的生产,会有更低的股价同步性。据此有假设 H1。

H1:相对于 UFA 公司来说,FA 公司会有更低的股价同步性。

FA 高管加入其客户,成为 AFA 高管,他还可能拥有更多关于这一客户的专门会计知识,和对这一客户更为系统的理解,这些知识和能力可以让高管更为迅速、有效地步入其专业岗位(Geiger 等,2008),也能提升公司财务报告的质量(Dowdell and Krishnan,2004;Naiker 等,2013)。ISB(the Independence Standards Board,2000b)也不支持限制公司聘用 AFA 高管,因为从事务所聘任一个拥有专门知识的 FA 高管,可以向投资者再度保证财务报表的可靠性;在某种程度上,限制公司雇佣有资格的 FA 高管,还可能削弱财务报告的质量(ISB,1999)。最近的一些研究也不支持"萨班斯法案"对公司聘用 AFA 高管的限制(Geiger 等,2008;Naiker and Sharma,2009;Naiker 等,2013),其原因也在于 AFA 高管的专业技能和监督作用能让公司和股东受益,并且 AFA 高管的作用要强于 UAFA 高管。因此,在提升财务报告质量方面,AFA 高管的作用要强于 UAFA 高管,那么 AFA 公司比 UAFA 公司有更高质量的财务报告,更低的股价同步性。据此有假设 H2a。

H2a:相对于 UAFA 公司来说,AFA 公司会有更低的股价同步性。

另一方面,AFA 高管能够削弱财务报告质量和审计质量,公司有更高的股价同步性。Gul 等(2010)认为,审计的主要作用是确保公司特有信息和财务报告的可靠性,因此,审计质量高的公司比审计质量低的公司有更低的股价同步性。反之,当审计的这种确保信息可靠性能力降低时,公司会有较高的股价同步性。现有的研究已经发现,AFA 高管削弱了审计质量(Lennox,2005;Liu 等,2011;Menon and Williams,2004),那么 AFA 公司会有较高的股价同步性。

AFA 高管拥有的专门知识和潜在的私人关系赋予了他们进行额外盈余

管理的能力，降低了盈余管理被发现、挑战和更正的可能性（Geiger 等，2005）。高管以前的审计工作经历，使其熟知事务所将要采用的私密的审计计划和测试方法，AFA 高管可以绕开它们（Dowdell and Krishnan，2004；Lennox，2005），而 UAFA 高管并不具备这一优势。由于以前的同事关系，审计组的成员对 AFA 高管可能过度的友好或信任，因此他们不愿意去挑战以前同事的判断，从而丧失应有的客观性和职业怀疑（Dowdell and Krishnan，2004；Lennox，2005）。相反，审计组的成员对 UAFA 高管更加警觉，可能会保持更高程度的职业怀疑。如果审计师的怀疑水平降低，他们对应计的行为不会保守，AFA 公司会有较大的非正常应计（Menon and Williams，2004）。Parlin and Bartlett（1994）也证实，当公司的主计长有事务所关联时，审计师对公司的重要性水平作了较大的初步估计。这可能导致审计师接受更为激进的财务报告。因此，相对于 UAFA 公司而言，AFA 公司的财务报告质量会更低，这降低了公司的透明度，影响了公司异质性信息的生产，AFA 公司会有更高的股价同步性。据此提出了一个竞争性的假设 H2b。

H2b：相对于 UAFA 公司来说，AFA 公司会有更高的股价同步性。

第三节　研究设计

本章的研究样本为 2008—2011 年度中国 A 股上市公司。在此基础上剔除了：(1) 金融行业的公司；(2) 计算股价同步性时，年度个股周收益数据不足 50 个观测值的样本；(3) 其他控制变量缺失的样本公司。最终的观测样本为 7361 个。

股价同步性的衡量，按 Durnev 等（2003）和王亚平等（2009）的计算方法，首先运用式（1）估计个股的 R_i^2，然后用式（2）对 R_i^2 进行对数变形使之正态化，得到股价同步性的衡量指标 SYN。

$$r_{i,t}=b_0+b_1 \cdot r_{m,t}+b_2 \cdot r_{I,t}+\varepsilon_{i,t} \tag{1}$$

$$SYN=ln\left[R_i^2/(1-R_i^2)\right] \tag{2}$$

其中，$r_{i,t}$ 为第 t 周的个股收益率（考虑现金红利），$r_{m,t}$ 为第 t 周的市场收益率（考虑现金红利），$r_{I,t}$ 为第 t 周的行业收益率；$r_{I,t}$ 是按照中国证监会行业分类标准（制造业取 2 位行业代码），以公司流通市值为权重，对 $r_{i,t}$ 加权平均计算而来。R_i^2 为式（1）的拟合度。本章计算股价同步性所使用的行业分类数据，个股收益与市场收益数据均来自 CSMAR 数据库。

"事务所关联"是本章重点关注的解释变量。我们运用了 Liu 等（2011）和刘继红（2011）的判断方法和定义，对高管曾经（现在）工作的会计师事务所与当前任职公司聘请的会计师事务所相同的判定为"事务所关联"。高管个人工作简历来自年度财务报告，并据此判断高管的 CPA 工作背景；会计师事务所相关的历史资料来自中国证监会网站和中国会计视野网站。

为了检验假设 H1，本章采用普通最小二乘估计（OLS）拟合了模型（3），模型（4）用来验证假设 H2a 或 H2b：

$$SYN = \beta_0 + \beta_1 \cdot FA + \beta_3 \cdot SIZE + \beta_4 \cdot LEV + \beta_5 \cdot ROE + \beta_6 \cdot FIRST + \beta_7 \cdot MNG + \beta_8 \cdot SOE + \sigma \quad (3)$$

$$SYN = \lambda_0 + \lambda_1 \cdot FA + \lambda_2 \cdot AFA + \lambda_3 \cdot SIZE + \lambda_4 \cdot LEV + \lambda_5 \cdot ROE + \lambda_6 \cdot FIRST + \lambda_7 \cdot MNG + \lambda_8 \cdot SOE + \delta \quad (4)$$

其中，SYN 是由式（2）计算出来的股价同步性。FA 为上市公司拥有 CPA 高管的数量水平，用两种方式衡量：(1) FA_N 为上市公司拥有 CPA 高管人数；(2) FA_D，当 $FA\_N \geq 1$ 时，$FA\_D = 1$，否则为 0。如果 β_1 显著为负，则表明 FA 公司比 UFA 公司有更低的股价同步性。根据假设 H1 的推导，预计 β_1 显著为负。

与 FA 相对应的，AFA 也有两种衡量水平：(1) AFA_N，为上市公司拥有"事务所关联"高管的人数；(2) AFA_D，当 $AFA\_N \geq 1$ 时，$AFA\_D = 1$，否则为 0。如果 λ_2 显著为负，则说明 AFA 公司比 UAFA 公司有更低的股价同步性；反之，如果 λ_2 显著为正，说明 AFA 公司股价同步性更高；据假设 H2a，预计 λ_2 显著为负，而根据假设 H2b，则预计 λ_2 显著为正。如果 λ_1 显著为负，则表明 UAFA 公司比 UFA 公司有更低的股价同步性。根据假设 H1 的推导过程，预计 λ_1 也应显著为负。

借鉴 Gul 等（2010）、王亚平等（2009）关于股价同步性的研究模型，我们还控制了公司规模（$SIZE$）、财务杠杆（LEV）、盈利能力（ROE）、公司股权结构（$FIRST$ 和 MNG）和最终控制人性质（SOE）等可能影响股价同步性的因素。

$SIZE$ 为公司规模，是公司年末总市值的自然对数。公司规模意味着个股对整个股票市场的影响力，个股规模越大，影响力越强，个股股价与市场整体走势趋于一致的可能性就越高;另一方面,个股规模越大,市场操纵的概率或程度可能更小,引发的不确定性也越低。因此,公司规模越大,股价同步性越高。Gul 等(2010)、李增泉(2005)以及王亚平等(2009)的研究表明,公司规模与股价同步性显著正相关,因此,预期 SIZE 回归系数显著为正。

LEV 为公司财务杠杆,它由年末负债除以资产计算而来。公司的财务杠杆代表了个股的财务风险,其值越大,说明未来正常生产经营的不确定性可能越大;而这种不确定性会导致股票价格异常波动,从而背离市场整体走势,导致股价同步性较低。因此,LEV 与股价同步性负相关。Hutton 等(2009)实证结果表明,财务杠杆与股价同步性负相关但不显著,而王亚平等(2009)却发现二者显著负相关;但是 Gul 等(2010)针对中国市场的研究模型中,LEV 与 SYN 大多为不显著的正相关。因此,无法估计 LEV 的系数符号。

ROE 为公司赢利能力,它等于公司当年的净利润除以年末股东权益。公司的赢利能力是投资者进行投资决策时参考的重要指标,因此它会影响公司股价的同步性。过高或过低的 ROE,都体现了公司与市场平均赢利能力水平的背离程度,这意味着个股股价走势更可能背离市场整体平均走势,那么个股股价同步性会更低。因此,ROE 与股价同步性负相关。王亚平等(2009)实证结果表明,ROE 与股价同步性间的关系显著为负;但是在 Hutton 等(2009)的诸多模型中,ROE 与股价同步性的回归系数符号并不完全相同,因此,ROE 的系数符号无法预计。

FIRST 为第一大股东持股数量占公司总股份的比例,MNG 为高管(董事、监事和高级管理人员)的持股比例。股权结构是公司治理的基础性因素,对投资者的投资行为产生深层次的影响,从而影响股价同步性。Gul 等(2010)和李增泉(2005)的研究结果都表明,第一大股东持股比例与股价同步性存在正、负两种关系,这归因于股权集中产生的利益协同性效应或者壕沟防御效应;同样,MNG 与股价同步性的关系也是如此。因此,无法预计 FIRST 和 MNG 的系数符号。

SOE 为公司最终控制人性质。当公司最终控制人为国有时,SOE = 1,否则 SOE = 0。中国上市公司大部分由国有企业改制而来,国有控股企业的股价走势与市场整体走势存在更多的相似性,因而股价同步性更高。李增泉(2005)、王亚平等(2009)均发现,国有控股公司的股价同步性更高;

Gul 等（2010）的研究也发现，第一大股东与政府相关时，其股价同步性更高。因此，预期 SOE 回归系数显著为正。

第四节 实证结果

一 描述性统计

表 7-1 报告了描述性统计。R^2 的均值和中位数均在 0.5 左右，高于李增泉（2005）报告的 1995—2003 年间的 0.44，Gul 等（2010）报告的 1996—2003 年的 0.45，王亚平等（2009）报告的 2004—2007 年间的 0.41，当然也远高于 Jin and Myers（2006）和 Morck 等（2000）报告的绝大多数国家的 R^2。这说明我们的研究样本体现的股价同步性与已有的研究相符，进一步印证了中国股价同步性高的事实。FA_D 的均值为 0.449，中位数为 0，说明不到一半的样本公司雇佣了有 CPA 工作背景的高管，而雇佣人数最多的达 6 人（FA_N 的最大值）。在雇佣 FA 高管的 3308 家公司中，只有 456 家存在 AFA 高管，占总样本的 0.062（AFA_D 的均值），AFA_N 的最大值 3，说明样本公司中雇佣 AFA 高管最多只有 3 人。这在一定程度上表明 FA 和 AFA 高管存在的价值和普遍性。通过比较 FA 公司和 UFA 公司的股价同步性 SYN 均值和中位数，发现 3308 家 FA 公司的股价同步性低于 4053 家 UFA 公司，且均值和中位数的差异检验均在 1% 水平上显著。同时，456 家 AFA 公司的股价同步性的均值为 0.01，中位数 0.063，而剩下的 2852 家 FA 公司（即 UAFA 公司）股价同步性 SYN 的均值和中位数分别为 -0.057 和 -0.028，AFA 公司的股价同步性远高于 UAFA 公司。单变量的检验验证了假设 H1 和假设 H2b。

表 7-1 描述性统计

变量	样本量	均值	标准差	最小值	1/4 分位	中位数	3/4 分位	最大值
全样本								
FA_N	7361	0.542	0.679	0	0	0	1	6
FA_D	7361	0.449	0.497	0	0	0	1	1
AFA_N	7361	0.066	0.267	0	0	0	0	3
AFA_D	7361	0.062	0.241	0	0	0	0	1

续表

变量	样本量	均值	标准差	最小值	1/4分位	中位数	3/4分位	最大值
SOE	7361	0.632	0.482	0	0	1	1	1
R^2	7361	0.500	0.158	0.208	0.383	0.502	0.618	0.771
SYN	7361	-0.005	0.684	-1.339	-0.475	0.006	0.481	1.213
SIZE	7361	15.13	0.906	13.69	14.47	15.02	15.69	17.08
LEV	7361	0.468	0.221	0.089	0.295	0.478	0.641	0.855
ROE	7361	0.084	0.107	-0.173	0.0310	0.081	0.142	0.294
FIRST	7361	0.359	0.145	0.138	0.236	0.341	0.476	0.635
MNG	7361	0.054	0.137	0	0	0	0	0.499
FA公司样本								
SYN	3308	-0.048	0.692	-1.339	-0.531	-0.011	0.437	1.213
UFA公司样本								
SYN	4053	0.030	0.676	-1.339	-0.424	0.038	0.511	1.213
AFA公司样本								
SYN	456	0.010	0.715	-1.339	-0.500	0.063	0.543	1.213
UAFA公司样本								
SYN	2852	-0.057	0.688	-1.339	-0.534	-0.028	0.424	1.213
SYN 比较	均值差		T值		中位数差		Z值	
FA-UFA	-0.078***		-4.85		-0.049***		-4.63	
AFA-UAFA	0.067**		1.93		0.091**		2.09	

注：***、**、*分别表示检验在1%、5%、10%水平上统计显著。除AFA、FA外，其余变量均经过5%的winsorize处理。

二 回归结果

表7-2报告了回归结果，所有模型的被解释变量均为股价同步性SYN。模型3-（1）和3-（2）中，FA的回归系数分别为-0.045和-0.062，且均在1%水平上显著，说明在7361个样本公司当中，与UFA公司相比，FA公司有更低的股价同步性。可见，高管的CPA工作背景通过影响公开信息的质量和披露，有利于公司异质性信息的产生，从而使得公司有更低的股价同步性，这个结论支持了假设H1，与DeFond等（2005）和Xie等（2003）的研究一样，证明了FA高管的有用性和存在价值。模型4-（1）和4-（2）中，AFA的回归系数为0.089和0.074，分别在1%

和 5% 水平上显著,表明在 FA 公司中,相对于 UAFA 公司来说,AFA 公司有更高的股价同步性,从而支持了假设 H2b。可见,AFA 高管削弱了审计质量和财务报告质量,影响了公司异质性信息的生产,从而导致了更高的股价同步性。这个研究结论和大多数关于"事务所关联"的研究一样(Dowdell and Krishnan, 2004; Lennox, 2005; Menon and Williams, 2004),支持了"萨班斯法案"对公司聘用 AFA 高管的限制。两个模型中 FA 的回归系数仍然显著为负,表明相对于 UFA 公司来说,UAFA 公司(FA 公司)有更低的股价同步性,仍然支持假设 H1。

表 7-2　高管 CPA 背景、关联关系与股价同步性 OLS 回归结果

	3-(1)	3-(2)	4-(1)	4-(2)
	$FA=FA\_N$	$FA=FA\_D$	$FA=FA\_N$ $AFA=AFA\_N$	$FA=FA\_D$ $AFA=AFA\_D$
FA	-0.045***	-0.062***	-0.057***	-0.072***
	(-3.69)	(-3.88)	(-4.44)	(-4.34)
AFA			0.089***	0.074**
			(2.68)	(2.07)
$SIZE$	0.006	0.006	0.004	0.005
	(0.56)	(0.56)	(0.43)	(0.46)
LEV	0.014	0.014	0.014	0.013
	(0.36)	(0.34)	(0.34)	(0.33)
ROE	-0.044	-0.046	-0.045	-0.047
	(-0.52)	(-0.54)	(-0.53)	(-0.55)
$FIRST$	0.195***	0.195***	0.193***	0.195***
	(3.37)	(3.37)	(3.34)	(3.37)
MNG	-0.568***	-0.568***	-0.571***	-0.571***
	(-9.60)	(-9.60)	(-9.64)	(-9.65)
SOE	0.012	0.013	0.013	0.014
	(0.76)	(0.81)	(0.81)	(0.86)
截距项	-0.118	-0.114	-0.097	-0.099
	(-0.77)	(-0.74)	(-0.63)	(-0.65)

续表

	3-(1)	3-(2)	4-(1)	4-(2)
	$FA=FA\_N$	$FA=FA\_D$	$FA=FA\_N$ $AFA=AFA\_N$	$FA=FA\_D$ $AFA=AFA\_D$
N	7361	7361	7361	7361
Adj. R^2	0.018	0.018	0.019	0.019
F	24.07	24.16	21.98	21.63

注：***、**、* 分别表示检验在1%、5%、10%水平上统计显著。除AFA、FA外，其余变量均经过5%的winsorize处理。括号中为对应Robust T统计量。

在控制变量方面，$FIRST$ 的回归系数在1%水平上显著为正，表明第一大股东持股比例与股价同步性显著正相关，支持了壕沟防御假说；MNG 的回归系数在1%水平上显著为负，表明管理层持股比例与股价同步性显著负相关，体现了利益协同效应；其他控制变量回归系数均不显著。

三　稳健性检验

为了检验本章研究结论的可靠性，我们还做了以下几个方面的稳健性测试。

首先，分"公司"和"年度"对模型估计的标准误差（standard error）进行了修正，得到表7-3的回归结果。模型3-(3) 和模型3-(4) FA 的系数显著为负，而模型4-(3) 和模型4-(4) AFA 的系数显著为正，回归结果没有任何实质性变化。

其次，对样本采用1%的winsorize处理，即用1%和99%分位数对样本分布两端可能存在的奇异值进行了替换，减少5% winsorize造成的样本替换过多带来的结论差异，并且分"行业"和"年度"对模型估计的标准误差进行修正，回归结果见表7-3。模型3-(5) 和模型3-(6) FA 的系数仍然显著为负，而模型4-(5) 和模型4-(6) AFA 的系数仍然显著为正，回归结果没有任何实质性的改变。

最后，为了减少可能存在的内生性问题，将被解释变量 SYN 换成下一年度（即2009—2012年）的股价同步性。重复了两个假设的验证过程，表7-4的结果显示，FA 在模型3-(7) 和模型3-(8) 中的系数显著为负，而模型4-(7) 和模型4-(8) AFA 的系数仍然显著为正，回

表7-3　高管CPA背景、关联关系与股价同步性cluster2回归结果

	3-(3) FA=FA_N	3-(4) FA=FA_D	4-(3) FA=FA_N AFA=AFA_N	4-(4) FA=FA_D AFA=AFA_D	3-(5) FA=FA_N	3-(6) FA=FA_D	4-(5) FA=FA_N AFA=AFA_N	4-(6) FA=FA_D AFA=AFA_D
FA	-0.045**	-0.062***	-0.057**	-0.072***	-0.049*	-0.070**	-0.061**	-0.081***
	(-2.35)	(-2.58)	(-2.45)	(-2.60)	(-1.90)	(-2.53)	(-2.25)	(-2.78)
AFA			0.089**	0.074*			0.091***	0.075***
			(2.05)	(1.75)			(4.20)	(4.39)
SIZE	0.006	0.006	0.004	0.005	0.021	0.021	0.020	0.020
	(0.07)	(0.07)	(0.05)	(0.06)	(0.23)	(0.23)	(0.22)	(0.22)
LEV	0.014	0.014	0.014	0.013	-0.124*	-0.124*	-0.123*	-0.124*
	(0.30)	(0.29)	(0.29)	(0.28)	(-1.78)	(-1.79)	(-1.78)	(-1.79)
ROE	-0.044	-0.046	-0.045	-0.047	-0.043	-0.044	-0.044	-0.045
	(-0.27)	(-0.28)	(-0.27)	(-0.28)	(-0.44)	(-0.45)	(-0.45)	(-0.46)
FIRST	0.195	0.195	0.193	0.195	0.176	0.176	0.174	0.175
	(1.45)	(1.44)	(1.43)	(1.43)	(1.03)	(1.02)	(1.01)	(1.01)

续表

	3-(3)	3-(4)	4-(3)	4-(4)	3-(5)	3-(6)	4-(5)	4-(6)
	$FA=FA\_N$	$FA=FA\_D$	$FA=FA\_N$ $AFA=AFA\_N$	$FA=FA\_D$ $AFA=AFA\_D$	$FA=FA\_N$	$FA=FA\_D$	$FA=FA\_N$ $AFA=AFA\_N$	$FA=FA\_D$ $AFA=AFA\_D$
MNG	−0.568	−0.568	−0.571	−0.571	−0.617*	−0.616*	−0.619*	−0.619*
	(−1.47)	(−1.47)	(−1.48)	(−1.48)	(−1.90)	(−1.89)	(−1.91)	(−1.90)
SOE	0.012	0.013	0.013	0.014	0.011	0.012	0.012	0.013
	(0.61)	(0.65)	(0.64)	(0.69)	(0.44)	(0.48)	(0.48)	(0.53)
截距项	−0.118	−0.114	−0.097	−0.099	−0.284	−0.277	−0.266	−0.265
	(−0.09)	(−0.08)	(−0.07)	(−0.07)	(−0.20)	(−0.20)	(−0.19)	(−0.19)
N	7361	7361	7361	7361	7361	7361	7361	7361
Adj. R^2	0.018	0.018	0.019	0.019	0.019	0.019	0.020	0.020
F	24.07	24.16	21.98	21.63	13.77	16.63	13.55	16.90

注：***、**、*分别表示检验在1%、5%、10%水平上统计显著。除AFA、FA外，其余变量在模型3-(3)、模型3-(4)、模型4-(3)和模型4-(4)均经过5%的winsorize处理。括号中为对应的T统计量，其标准误差分公司和年度进行了修正。在模型3-(5)、模型3-(6)、模型4-(5)和模型4-(6)均经过1%的winsorize处理。括号中为对应的T统计量，其标准误差分行业和年度进行了修正。

归结果依然稳健。

表 7-4　高管 CPA 背景、关联关系与"下年"股价同步性 OLS 回归结果

	3-(7)	3-(8)	4-(7)	4-(8)
	$FA=FA\_N$	$FA=FA\_D$	$FA=FA\_N$ $AFA=AFA\_N$	$FA=FA\_D$ $AFA=AFA\_D$
FA	-0.026**	-0.045***	-0.037***	-0.056***
	(-2.19)	(-2.80)	(-2.88)	(-3.33)
AFA			0.078**	0.078**
			(2.38)	(2.16)
SIZE	0.158***	0.157***	0.157***	0.156***
	(17.25)	(17.21)	(17.15)	(17.13)
LEV	-0.191***	-0.192***	-0.191***	-0.192***
	(-4.97)	(-4.98)	(-4.98)	(-4.99)
ROE	0.145***	0.145***	0.145***	0.144***
	(2.72)	(2.72)	(2.71)	(2.70)
FIRST	-0.016	-0.017	-0.017	-0.018
	(-0.29)	(-0.32)	(-0.31)	(-0.32)
MNG	-0.261***	-0.259***	-0.263***	-0.262***
	(-5.05)	(-5.03)	(-5.10)	(-5.09)
SOE	-0.016	-0.016	-0.016	-0.015
	(-1.00)	(-0.96)	(-0.96)	(-0.91)
截距项	-2.433***	-2.421***	-2.415***	-2.407***
	(-17.84)	(-17.73)	(-17.74)	(-17.65)
N	7395	7395	7395	7395
Adj. R^2	0.064	0.064	0.065	0.065
F	61.89	62.63	54.41	54.98

注：***、**、* 分别表示检验在 1%、5%、10% 水平上统计显著。除 AFA、FA 外，其余变量均经过 1% 的 winsorize 处理。括号中为对应 Robust T 统计量。

第五节　研究结论

本章运用中国股票市场 2008—2011 年间的数据，研究了公司聘用以前的审计师与公司股价同步性间的关系。实证结果表明，一方面，高管的 CPA 工作经验，对公司的信息披露和高质量信息的生产具有帮助作用，从而有利于公司异质性信息的产生，导致了更低的股价同步性；另一方面，事务所关联削弱了公司的信息质量，这种关联关系不利于公司异质性信息的产生，最终导致了更高的股价同步性。本章的研究证明了高管的 CPA 工作背景在信息生产中的价值，揭示了事务所关联对信息质量的削弱作用。同时，本章将高管的聘任与股价同步性联系起来，从一个特别的视角发掘了影响中国股价同步性的特殊动因。

第八章 关联审计师高管与公司税收管理

第一节 引言

税收对企业决策者的重要性越来越大（Klassen 等，2016），税收管理也成为企业的重要经济行为之一。通过税收管理①，可以使得股东回报最大化（Scholes 等，2005），降低税收监管风险以及政治成本（Watts and Zimmerman，1986；Fields 等，2001），满足税收基础的契约目标②（Armstrong 等，2012；Gaertner，2014；Phillips，2003），等等。然而税收管理的目标往往与会计目标不一致。如何协调好会计目标和税收管理，成为企业面对的重要现实问题。通过聘请有相关工作经历的人成为企业高管，是解决这一现实问题的有效途径。曾经在会计师事务所工作过的审计师，既拥有会计和税务两方面的专门知识，也因服务过各类企业而拥有丰富的行业经验和专长，他们成为企业高管，能够很好地协调会计目标和税收管理；尤其是那些审计师跳槽到自己的客户公司成为高管，即所谓的"反转门"（Revolving Door）或"会计师事务所关联"，我们称之为"关联审计师高管"③，他们不仅拥有相关专门知识和从业经验，而且与有审计背景的其他高管（以下简称"无关联审计师高管"）相比，他们更具有信息优势和有关客户的特有知识；他们与企业当前聘请的会计师事务所之间的特

---

① 税收管理，我们将其定义为一切关于公司税负方面的管理活动，表现为税收筹划（Tax Planning）、避税（Tax Avoidance）、税收规避（Tax Shelter）、税收激进度（Tax Aggressiveness）等，主要针对的是公司所得税，这些术语在诸多研究当中高频率地使用，对这些行为进行度量的模型也相互混用，所以我们在文中没有进行严格区分。

② 比如配合税后薪酬计划。

③ 审计师高管，即有审计工作背景的高管，有两类：一类是来自上市公司目前聘任的会计师事务所，称为"关联审计师高管"或"反转门高管"；另一类则来自其他会计师事务所，简称"无关联审计师高管"。

殊关联关系，使得他们拥有更多的会计和税收的管理空间。

然而纵观税收和有关"关联审计师高管"两方面的文献，都没有从高管个人的具体知识背景出发，来考察公司在税负方面的差异，"关联审计师高管"与公司税负的关系研究尤为罕见。Hanlon and Heitzman（2010）回顾性的研究认为，税收领域并没有很好地解释避税差异形成的原因，有关"高管影响公司税负"方面的文献存在空白。尽管 Dyreng 等（2010）随后的证据也显示高管个人可能对企业避税有着至关重要的影响，但是他们的研究并没有揭示高管的哪些具体特征影响了公司税负。之后一些研究从高管的薪酬、政治倾向、政治关联和连锁关系、避税意识、自恋特质等方面，考察了这些因素对公司税负的影响。有关"关联审计师高管"的研究认为，"关联审计师高管"使得企业更可能获得标准审计意见，带来初始的审计定价折扣，有更多的应计盈余管理空间，等等；但是也有研究表明，他们具有更强的监管作用。从内容上看，这些文献着重检验了"关联审计师高管"与财务报告质量和审计质量之间的关系，而在公司税负方面有何作用，尚未探明。

本书通过检验"关联审计师高管"与公司税负之间的关系发现，相对于聘任"无关联审计师高管"的公司来说，聘任"关联审计师高管"的公司有更高的会计税收差异，说明"关联审计师高管"带来了更高程度的税收管理；而与诸多研究结论一致的是，相对于没有聘任"审计师高管"的公司，聘任"无关联审计师高管"的公司有更小的会计税收差异，体现了"无关联审计师高管"在税收上的监管作用。而在小公司，非国有企业，无机构投资者持股、分析师跟踪少和聘请非国际四大审计的公司，"关联审计师高管"带来的税收管理作用更强。利用子公司数量衡量了信息不对称程度，发现在信息不对称程度高的公司，由于"关联审计师高管"具备信息优势，"关联审计师高管"在公司税收管理上的作用更突出。考虑自选择问题后的 Heckman 检验结果进一步笃实了"关联审计师高管"在税收管理上的作用。

本研究的贡献在于：（1）研究的结果发掘了公司税负的特殊动因，丰富了公司税负方面的文献；（2）揭示了"关联审计师高管"影响公司税负的路径和机理，补充了"关联审计师高管"方面的文献；（3）以高管的知识背景和社会关系等个人特征为起点，进一步细化了高管与公司税负方面的研究，对公司治理方面的文献也有一定的贡献。

本章结构安排如下：第二节回顾了高管、审计师与公司税负方面的文献以及"关联审计师高管"的相关研究；第三节推理了研究假设；研究设计在第四节；第五节提供了实证结果及其解释；第六节为研究结论及建议。

第二节 文献回顾

一 高管与公司税收

Hanlon and Heitzman（2010）有关税收的综述性文献认为，以前税收领域的研究并没有很好地解释避税差异形成的原因，"高管影响避税"方面的文献尚存空白。同年，Dyreng 等（2010）就高管会增加公司避税给出了证据，但是他的研究并没有证明高管的哪些具体特征影响了公司的避税。随后，诸多研究从高管的薪酬、政治倾向、政治关联和连锁关系、避税意识、自恋特质等方面考察了这些因素对避税的影响。

1. 薪酬

Armstrong 等（2012）发现税务总监有动机减少财务报告中的所得税，他的薪酬与 GAAP 的有效税率负相关。他的研究与 Phillips（2003）提供的经验证据是相似的，Phillips（2003）的证据也表明，业务部门的经理努力降低公司税负以提高税后会计绩效，从而达到他们薪酬契约的目标。Gaertner（2014）在他们的基础上进一步检验了 CEO 的税后激励和公司避税之间的关系，证据显示，CEO 的税后激励可以降低公司有效税率的同时也增加了 CEO 的货币薪酬。他们的研究揭示了 CEO、业务部门经理和税务总监的避税动机。

2. 政治立场或政治倾向

Francis 等（2012）发现共和党 CEO 比没有明显政治偏好的 CEO 领导的公司有更多的避税；而民主党 CEO 领导的公司也有更多的会计税收差异和更多的税收规避活动，尤其在 CEO 风险激励高的公司。这表明共和党 CEO 的税收决策是政治偏好导致的，而民主党 CEO 的税收决策由风险激励驱动。Christensen 等（2015）则用高管的政治倾向衡量了高管的保守性，认为倾向共和党的高管属于保守型，他们所领导的公司有较少的避税，这个结论与 Francis 等（2012）的证据相左。

3. 政治关联

Kim and Zhang（2016）的研究表明，聘请了有政治关联董事的公司有更高的税收激进度。因为政治关联可以为公司提供保护，提供未来有关税法变化或税收执法带来的政府资源等信息，减少资本市场对公司透明度要求的压力，降低税收激进带来的政治成本，作为一种保险机制，政治关联激励公司更勇于从事有风险的税收筹划。吴文峰等（2009）的证据显示，聘请有政府背景的高管，中国民营上市公司能获取更多税收优惠。

4. 连锁关系

Brown（2011）发现使用相同的董事会成员的公司有更相似的税收策略。Brown and Drake（2014）则认为，董事与低税公司的连锁关系通过知识共享为公司带来了更多的避税，当公司和有连锁关系的低税公司聘请同一个本土审计师时，这种连锁关系带来的避税效应更强，这种共同第三方的间接关系增强了董事的直接连锁关系所发挥的作用。政治关联和连锁关系对公司税负的影响表明，高管个人的某种社会关系是公司税负的决定因素之一。

5. 避税意识

倾向于减少个人所得税的高管体现了他们的避税意识，这也可以使得公司的税负降低。Pérez-cavazos and Silva（2015）的研究表明，有税收意识（Tax Minded）的高管，在个人所得税税率提升前，通过特别分红和加速分红来减少他们的个人所得税，同时这一行为也降低了股东的税负以及公司的现金税负。Chyz（2013）也发现了类似的结果，在高管倾向于减少个人所得税的公司，其税收规避程度更高，并且公司价值也随着税收规避程度而增长。

6. 性别和自恋的个人特质

Francis 等（2014）的研究显示，公司的 CFO 从男性更换为女性会带来更少的税收激进，其原因在于性别差异导致了面对避税风险的不同态度。Olsen and Stekelberg（2015）还发现 CEO 自恋（Narcissism）的个人特质显著地影响了公司的税收规避。自恋是一种多面的个性特征，表现出某种优越感，倾向于从事某些有问题的行为。自恋者认为他们可以超越法律，会积极地从事他们所认定的事情。自恋者也有很强的动机追求回报和理想的结果，而有较少的意愿去避免负面效应。最终自恋的个人特质带来了公司税负的差异。

7. 监管效应

Lanis and Richardson（2011）的证据表明，董事会中外部董事比例高的公司有较低的税收激进度，这归因于外部董事的监管作用。Richardson 等（2013）还发现，建立了风险管理制度和内控制度的董事会有较低的税收激进度，这也归因于董事会的监管作用。在非审计服务提供比例低、独立董事比例高的公司，这类董事会的监管作用更强，税收激进度更低。Hsu 等（2014）也发现，有财务专家的独立审计委员会成员能评估公司的商业策略，并有效地监管其中的避税活动。Law and Mills（2016）发现聘请有从军经历高管的公司有较少的避税，说明雇佣这类高管是一种有效的控制机制。

纵观以上文献，有关高管薪酬的研究揭示了他们避税的动机，高管的政治倾向、政治关联和性别体现了他们对待风险的态度，导致了公司税负的差异。连锁关系表明了知识共享在税收方面的作用，也同政治关联一样，体现了某种社会关系在公司避税方面发挥的不同作用。倾向于降低个税的高管表明了他们的避税意识，同样也使得股东和公司的税负降低，这说明高管对待税收的态度和意愿是公司税负的决定因素。但是这些文献都没有从高管个人的具体知识背景出发，来考察公司在税负方面的差异。尽管 Olsen and Stekelberg（2015）的研究将 CEO 的特征细化为"自恋"的个人特质层面，但是他们的研究仍然没有涉及高管的个人具体知识背景和工作经历。而高管在避税上的监管作用的相关研究，除了 Law and Mills（2016）的研究涉及高管的从军经历外，其他的研究仅仅体现了高管在监管职位上应有的作用，并没有突出高管具体的知识对税负的影响。

二　审计师与公司税收

McGuire 等（2012）的经验证据显示，当聘请的审计师是税务专家时，从审计师那里购买的税收服务越多，公司会有更多的避税。外部的审计公司通过提供税收咨询服务和财务报表审计服务影响了客户的避税活动，因此既是税务专家又是审计专家的审计师会为客户带来更大程度的避税。这表明全面的专家能够结合审计和税收专门知识来发展税收策略，这使得客户能从税收和财务报表两方面受益。McGuire 等（2012）的研究充分体现了审计师的专门知识在审计和税收方面的作用。De Simone 等（2015）的研究也体现了审计师的相关专业知识所起的作用，但公司税负不是他们的研究主题，因此他们没有直接研究审计师对公司税负的影响。他们发现，购买审计师税收服务的公司较少披露内控重大缺陷，这并不是因为非审计服务削弱了审计质量，而是因为税收服务改善了内控质量。这说明审计师的知识溢出对财务报告质量有帮助。Brown and Drake（2014）的证据显示，当公司和有连锁关系的低税公司聘请同一个本土审计师时，这种连锁关系带来的避税效应更强，这种共同第三方的间接关系增强了董事的直接连锁关系所发挥的作用。Brown and Drake（2014）的研究体现了审计师在知识共享中的间接作用，审计师对公司税负的影响不是他们直接关注的重点。Goh 等（2013）发现客户的税收激进程度会导致审计师辞职，因为客户的税收激进度增加了审计师的诉讼风险和声誉风险，也增加了与管理层之间的潜在冲突，证据显示客户的税收激进度与审计师辞职显著正相关。尤其在客户外部监管不佳、代理问题严重、客户经济重要性低的公司中，这种关系更强烈。Goh 等（2013）的研究表明了审计师对公司税收激进度的态度和容忍程度。以上这些文献主要站在"服务方（乙方）"的角度，发现了审计师与公司税负之间存在某种联系，但是他们并没有检验审计师作为高管（即"甲方"）的情况下，他们具体的专业知识会对公司税负产生何种影响。

三 关联审计师高管或会计师事务所关联

有关会计师事务所关联和关联审计师高管的文献着重关注这种关系对审计质量等方面的影响，而关联关系与公司税负的研究较为鲜见。Lennox（2005）的证据显示，公司雇佣"关联审计师高管"收到"非标审计意见"的概率更低，其原因在于高管的这种关联关系减少了审计师发现问题和报告问题的可能性，削弱了审计独立性和审计质量。Liu 等（2011）和刘继红（2011）针对中国的研究也发现了类似的结果。Dowdell and Krishnan（2004）以及 Menon and Williams（2004）均发现，雇佣了关联审计师高管的公司有更多的应计盈余管理，这归因于高管与审计师之间的良好关系使得审计师对盈余管理有更高的容忍度。刘继红和章丽珠（2014）也发现关联审计师高管使得公司面临更加宽松的审计监管，不会进行成本更高的真实盈余管理，因此有更高的应计盈余管理。而 Geiger 等（2005）、Geiger and North（2006）、蔡春等（2015）却没有找到关联审计师高管与应计盈余管理的显著证据。但蔡春等（2015）的证据显示聘请关联审计师高管的公司有更高的真实盈余管理。Geiger 等（2008）发现任命有"事务所关联"的财务高管带来了正的市场反应，没有导致应计盈余的显著变化，说明市场并不认为雇佣"关联审计师高管"是"坏消息"。"关联审计师高管"针对公司内控的缺陷和财务报告行使了更为有效的监管，也能减少公司的应计盈余（Naiker and Sharma，2009）。"关联审计师高管"还能减少公司购买以前事务所的非审计服务，进而降低对审计独立性的威胁（Naiker 等，2013）。Lennox and Park（2007）还发现关联审计师高管能影响公司选择事务所。Basioudis（2007）的证据显示关联审计师高管能降低英国公司的审计费用，而 Liu（2011）则认为这是初始审计定价。Dart and Chandler（2013）的调查显示，英国个人投资者会非常关注关联审计师高管带来的独立性问题，但是没有显著的证据表明机构投资者意识到关联关系引发的风险。Baber 等（2014）尽管发现关联审计师高管的雇佣降低了盈余反应系数和盈余持续性，但没有影响公司的应计盈余管理、公司丑闻等，他们认为这只是投资者表面上的看法，关联关系并没有对审计独立性形成实质上的削弱。从内容上看，这些文献凸显了审计师高管的专业知识和与事务所之间的关联关系在财务报告和审计质量方面的作用，而如何影响公司税负鲜有论及。

第三节 研究假设

一 关联审计师高管的知识和信息优势有助于税收管理

审计师具备税收方面的知识。通过对雇员进行行业专门训练以及为客户提供同一行业的服务而产生行业专门知识（Solomon 等，1999；Ferguson 等，2003）。根据"知识溢出"的相关理论，提供财务报告审计服务产生的知识可以让非审计服务（如税务咨询）受益，反之亦然（Simunic，1984；Kinney 等，2004）。在财务报告审计实践领域发展的专业知识，可以和税收等实践领域发展的专业知识相互补充，这些专业知识使得审计师能提供更高级别的服务而有别于竞争者，因此会计师事务所有充足的动机拓展审计师的税收知识。

Graham 等（2012）认为税务账户是财务报告风险的重要来源。审计师必须十分清楚地了解自己客户的税收状况，以准确评估应计税负和不确定的税收利益可能引发的意外事件（Donohoe and Knechel，2014）。这表明，审计师可以在审计工作过程中获得充足的税务知识。以前的研究也显示，在税收问题识别、公司税收筹划过程的关键性投入方面，税收专门知识和有关客户的专门知识都是非常重要的因素（Bonner 等，1992）。因此，审计师和审计师高管有税收方面的知识，从而具备税收筹划和税收管理的能力。

  税收管理不仅需要税收方面的知识，还需要财务报告和审计方面的知识。相关的研究表明，一定程度的避税策略转化为降低税收费用是财务会计规则和税法的共同作用（Maydew and Shackelford，2007）。Shackelford and Shevlin（2001）也认为税收筹划和财务报告选择之间存在联系。Frank 等（2009）还发现会计报告激进的公司也会有激进的税收报告。而且企业的税务部门经常被当作利润中心在运营（Robinson 等，2010）。税收策略也常用于改善会计结果（Desai and Dharmapala，2006）。公司对税收政策的响应通常也受限于会计结果（Shackelford 等，2011）。然而税收管理目标往往与会计目标并不一致，审计师高管具备税收和审计两方面的知识，能很好地协调会计目标和税收管理。全面的专家能够结合审计和税收两方面的专门知识来发展税收策略，这使得公司同时受益于税收和财务报表（McGuire 等，2012）。

  税收专业知识是问题识别的重要因素，也是税收筹划过程的关键投入（Bonner 等，1992）。关于客户的特有知识和有关特定实体、地区和行业的税法知识组成了税收专业知识。Simunic（1984）认为实践领域的知识分享包括有关客户的专门知识和一般知识。无关联的审计师高管具有一般的税收知识，比如行业广泛使用的各种税收筹划策略等，而有关联的审计师高管除了具备一般的税收知识外，还有关于客户的专门知识，比如用于相关客户的特有的避税知识。其理由在于有关联的审计师高管，由于过去曾经为公司提供过服务，他比没有关联的审计师高管更了解公司的过去和现在，有更多信息优势，熟知公司这一特定实体、所在地区和行业的相关税法，具备有关公司的专门知识，更了解公司避税策略的细微差别；有关联的高管拥有不同避税策略下税收和财务报告后果的更深层次的理解，他们不仅拥有提供税收筹划机会的高级知识，而且更可能为公司提供适合于公司的、独一无二的税收筹划策略。因此，聘请有关联的审计师高管，有充分的优势来提高公司的税收筹划或避税水平，同时也能兼顾到税收管理所引发的会计后果。

审计师评估税收账户有难度（Dhaliwal 等，2004），会面临审计税收账户失败导致的财务报告重述风险和声誉风险（Klassen 等，2016），客户的税收激进度也会增加审计师的诉讼风险和声誉风险，增加了与管理层之间的潜在冲突（Goh 等，2013）。面对税收账户引发的风险，审计师会保持较高程度的职业怀疑。关联审计师高管拥有特有的税收知识和信息优势，赋予了他们进行税收管理的能力；除此以外，他们熟知其审计测试方法和程序，可以很好地绕过事务所对税收账户的审查；他们与现任审计组成员的私人关系良好，过度的友好和信任使得他们以前的同事不愿去挑战关联审计师高管有关公司税收的判断；良好的私人关系也可以促使审计师与管理层之间更好的交流，减少双方的潜在冲突。① 基于以上分析，我们提出了研究假设 H1a。

H1a：相对于"无关联审计师高管"来说，"关联审计师高管"使得公司有更高的税收管理程度。

二 关联审计师高管税收上的监督作用

美国"萨班斯法案"第 406 条和第 407 条要求，董事会的财务专家必须具有监管财务报告责任人的经历，或者监督公司业绩的经验，或者其他类似经历的人员。美国纽交所（NYSE）也要求审计委员会必须有一名会计或者相关财务管理专家。这表明监管者认为财务专家可以起到监督作用。现实的状况也说明，审计委员会财务专家较少的公司更容易遭到 SEC 的稽查（Farber，2005），公司内控更易存在缺陷（Zhang 等，2007）。而从市场的角度，DeFond 等（2005）发现，公司审计委员会聘任专业会计的财务专家时，市场反应显著为正；而聘请非专业会计的财务专家时，市场反应不显著，这表明市场认为聘请财务专家是个"好消息"。经验性的结果也证明了财务专家在财务报告上的监管效应。当审计委员会成员中包含

---

① 我们借鉴了一些研究的分析框架，推理了关联审计师高管影响公司税负的路径。Geiger 等（2005）认为，关联审计师高管拥有的特有专门知识和私人关系，赋予了他们进行额外应计盈余管理的能力，降低了应计盈余管理被发现、挑战和更正的可能性。Dowdell and Krishnan（2004）和 Lennox（2005）认为，关联审计师高管削弱审计质量是因审计组成员对其前同事过度友好，不愿意挑战关联审计师高管的判断；同时，关联审计师高管十分熟悉会计师事务所的测试方法，能很好地绕过这些测试方法。同理，关联审计师高管与公司税负也有相同的关系。

有财务技能的专家或者财务专家比例更高时，公司有更少的非正常应计盈余（Xie 等，2003），会计稳健性更高（Krishnan and Visvanathan，2008），财务专家与盈余质量也显著正相关（Dhaliwal 等，2010）。而在税收方面，Robinson 等（2012）的实证结果显示，当审计委员会的财务专家越多时，公司税收筹划的程度越高，同时风险性高的纳税筹划更少；而当非会计的财务专家越多时，公司风险性高的纳税筹划更多。有财务专家的独立审计委员会成员还能评估公司的商业策略，并有效地监管其中的避税活动（Hsu 等，2014）。

  有关联的审计师高管也可以有更强的监管效应。从市场的角度来看，聘请有关联的审计师高管也是"好消息"，Geiger 等（2008）恰恰发现，任命有"事务所关联"的财务高管带来了正的市场反应，而没有导致应计盈余的显著变化。站在投资者的视角，Baber 等（2014）发现关联审计师高管的雇佣确实降低了盈余反应系数和盈余持续性，但没有影响公司的应计盈余管理、公司丑闻，等等，这只是投资者认为关联性的雇佣仅削弱了表面上的审计独立性，而非真实的审计独立性。因此 Baber 等（2014）不认为关联审计师高管有实质上的负面作用。针对公司内控的缺陷和财务报告，有关联的审计师高管不允许管理层绕过内控缺陷的披露，行使了更为有效的监管，还减少了公司的应计盈余管理（Naiker and Sharma，2009）。"聘请有关联的审计师高管"还能减少公司购买以前事务所的非审计服务，进而降低对审计独立性的威胁（Naiker 等，2013）。这些文献凸显了"关联审计师高管"在财务报告和审计独立性方面所起到的监管作用，结合税收管理为企业带来的风险、声誉等方面的不利因素，"关联审计师高管"同样会监督企业的税收行为。因此，我们提出了与假设 H1a 相对应的研究假设 H1b。

  H1b：相对于"无关联审计师高管"，"有关联审计师高管"在公司税收监管方面的作用更强，公司有更低的税收管理程度。

第四节 研究设计

一 样本选择

首先,我们从每个公司高管①的简历中检索了有"会计师事务所"工作经历的审计师高管;其次按照 Liu 等(2011)、刘继红和章丽珠(2014)的方法,我们区分了有关联的审计师高管和无关联的审计师高管,即审计师高管所在公司聘请的会计师事务所和该高管曾经工作过的事务所为同一家时,定义该高管与会计师事务所之间存在关联关系,也就是有关联的审计师高管;不满足该条件的审计师高管即为无关联的审计师高管。我们利用公司聘任审计师高管与会计师事务所的关系不同,区分了三类不同的样本公司。

由于 2008 年中国实施了新的所得税法,为了排除法律条款变化引起的所得税税率变动带来的噪声,我们将研究样本选定在 2008 年之后;而国务院决定从 2012 年开始"营改增"试点工作,为了排除其他税收政策所导致的高管审计师的聘任,我们将样本期间选定在 2012 年之前。因此,我们的样本期间为 2008—2011 年。在原始样本基础上剔除了金融类上市公司以及模型(1)中所需变量缺失的观察值后,最终样本量为 6243 家,其中 2801 家公司聘请了审计师高管,384 家聘请了有关联的审计师高管,余下 2417 家聘请的审计师高管没有关联关系。

二 模型设定

为了检验假设 H1a 和假设 H1b,我们设立了模型(1):

$$BTD, BTD1 = \beta_0 + \beta_1 \cdot AFL + \beta_2 \cdot BGD + \beta_3 \cdot SIZE + \beta_4 \cdot LEV + \beta_5 \cdot MTB + \beta_6 \cdot ROI + \beta_7 \cdot PPE + \beta_8 \cdot ITG + \beta_9 \cdot IVT + \beta_{10} \cdot TA + \beta_{11} \cdot EHR + \beta_{12} \cdot SPR + \beta_{13} \cdot IHR + \beta_{14} \cdot SUB + \beta_{15} \cdot DUAL + \sum \gamma \cdot Year + \sum \theta \cdot Industry + \xi \quad (1)$$

模型(1)中,BTD 为被解释变量,即"会计税收差异"。Graham 等(2012)认为会计税收差异是盈余管理和税收筹划等因素的一个函数。会计目标与税法目标的冲突会导致不同需求的收入报告,则会产生较为机械

---

① 根据 Hambrick(2007)和 Hambrick and Mason(1984)的"高阶梯队"理论(Upper Echelons Theory),这里高管包含了董事、监事和高级管理人员。

的（Mechanical）会计税收差异（Beresford 等，1983）。Guenther（2014）认为"会计税收差异"由"有效税率"和与盈余有关的"税前资产回报率"共同决定，如果盈余是研究的一个部分，"会计税收差异"是非常合适的税收管理的衡量。本书主要考察审计师高管利用其知识来很好地协调会计目标和税收管理，故在模型（1）中，我们选用以"会计税收差异"为基础的指标衡量公司税收管理的程度是恰当的。根据 Manzon and Plesko（2002）以及 Chen 等（2010）文献，"会计税收差异"（BTD）是公司"税前利润"与"应纳税所得额"之间的差额，再通过"总资产"标准化，它等于（税前利润−所得税费用/法定所得税税率）/总资产。根据 Desai and Dharmapala（2006）的研究，我们还在 BTD 的基础上利用模型（2）估计了 BTD1，作为公司税收管理程度的另外一种衡量方式。

$$BTD_{i,t} = \gamma_1 \cdot TA_{i,t} + \mu_i + \varepsilon_{i,t} \qquad (2)$$
$$BTD1 = \mu_i + \varepsilon_{i,t}$$

解释变量为 AFL 和 BGD，均有"人数"及"虚拟变量"两种测量水平，即 AFL_N、BGD_N 和 AFL_D、BGD_D 两种定义。上市公司聘请了至少 1 位"有关联审计师高管"，则 $AFL\_D = 1$，否则 $AFL\_D = 0$；AFL_N 则是公司聘请"有关联审计师高管"的数量。相应地，上市公司聘任至少 1 名审计师高管，则 $BGD\_D = 1$，否则 $BGD\_D = 0$；BGD_N 则为公司聘任审计师高管的数量，包括有关联和无关联的审计师高管数量。引入 BGD_D 或者 BGD_N，可以控制"有关联审计师高管"的一般税收知识或者监管作用。根据研究假设的推理，无论 β_2 的符号如何，如果 β_1 显著为正，则表明剔除了审计师高管的一般税收知识或监管效应以后，由于"有关联审计师高管"的"信息优势"，或具备"有关客户特有的税收知识"，使得公司有更高程度的税收管理；如果 β_1 显著为负，则在税收管理的监管方面，"有关联审计师高管"起到了更强的监督作用。

根据 Chen 等（2010）以及 Li 等（2014）有关中国公司税收的研究，我们还控制了公司收入规模（SIZE）、长期负债比总资产（LEV）、账面市值比（MTB）、投资收益比总资产（ROI）、固定资产比总资产（PPE）、无形资产比总资产（ITG）、存货比总资产（IVT）、总应计比总资产（TA）、高管持股比例（EHR）、实际控制人所有权和控制权分离程度（SPR）、机构持股比例（IHR）、总经理和董事长两职合一（DUAL）；另外，借鉴了 Gallemore and Labro（2015）利用销售收入的地理分部衡量了公司内部的信息不对称程度，我们采用比"销售收入的地理分部"更细的"子公司数量（SUB）"加以衡量。为了控制年度和行业的固定效应，还加入了年度虚拟变量 Year 和行业虚拟变量 Industry。所有变量的定义详见表8-1。所有原始数据均来自国泰安数据库（CSMAR），会计师事务所资料来源于中国证监会网站和中国会计视野网站，"审计师高管以及是否存在关联"的数据是手工整理，"子公司数量（SUB）"来自公司年度财务报告中披露的"纳入合并报表的子公司"。

表 8-1　　　　　　　　　　　变量定义

变量	定义
BTD	$BTD=$（税前利润－所得税费用/法定所得税税率）/总资产（Manzon and Plesko, 2002; Chen 等, 2010）
BTD1	$BTD_{i,t}=\gamma_1 \cdot TA_{i,t}+\mu_i+\varepsilon_{i,t}$，$BTD1=\mu_i+\varepsilon_{i,t}$（Desai and Dharmapala, 2006）
AFL	上市公司聘请的会计师事务所与高管曾经工作过的事务所为同一家，则 $AFL\_D=1$，否则 $AFL\_D=0$；AFL_N 是公司存在 $AFL\_D=1$ 高管的数量
BGD	上市公司聘任的高管有会计师事务所的工作背景，则 $BGD\_D=1$，否则 $BGD\_D=0$；BGD_N 是公司存在 $BGD\_D=1$ 高管的数量
SIZE	营业总收入的对数
LEV	长期负债比总资产
MTB	账面市值比
ROI	投资收益比总资产
PPE	固定资产比总资产
ITG	无形资产比总资产
IVT	存货比总资产
TA	总应计比总资产
EHR	高管持股比例
SPR	实际控制人所有权和控制权分离程度，所有权和控制权之比
IHR	机构持股比例
SUB	纳入合并报表子公司的数量
DUAL	总经理和董事长两职合一则取1，否则为0

第五节 实证结果

一 描述性统计

表 8-2 报告了描述性统计的结果。BGD_D 的均值为 0.449，中位数为 0，表明近 45% 的公司聘请了审计师高管，在 6243 家公司中，平均每家聘请 0.536 人（BGD_N 的均值）。在聘请审计师高管的 2801（2417+384）家公司中，只有 384 家聘请了有关联关系的审计师高管，占总样本的 6.1%（AFL_D 的均值）。这在一定程度上说明了审计师高管被雇佣的普遍程度以及他们存着的价值。通过比较"只雇佣无关联审计师高管"公司（2）和"没有雇佣审计师高管"公司（1）的"会计税收差异"，单变量检验的统计结果表明，前一类公司 2417 家的"会计税收差异" BTD（$BTD1$）的均值和中位数（-0.007 和 -0.000），显著低于后一类公司 3442 家的均值和中位数（-0.003 和 0.001），这说明"无关联审计师高管"可能抑制了"会计税收差异"，减少了公司的税收管理程度，体现了这类高管在公司税收管理上的监管作用。而"雇佣关联审计师高管"的 384 家公司（3），其"会计税收差异" BTD（$BTD1$）的均值和中位数分别为 0.000 和 0.001（-0.001 和 0.001），统计检验的结果表明，这类公司的"会计税收差异" BTD（$BTD1$）均显著高于"只雇佣无关联审计师高管"公司（2）。这说明，在剔除审计师高管的"一般税收知识"或"监管效应"后，有关联关系的审计师高管为公司带来了更大程度的税收管理，这可能归因于他们的"信息优势"或"有关客户特有的税收知识"。这个单变量检验的结果支持了假设 H1a。

表 8-2　　描述性统计

	观测值	均值	标准差	1/4 分位	中位数	3/4 分位
BTD	6243	-0.004	0.045	-0.009	0.000	0.012
$BTD1$	6243	-0.004	0.043	-0.010	0.000	0.011
AFL_N	6243	0.066	0.269	0.000	0.000	0.000
AFL_D	6243	0.061	0.240	0.000	0.000	0.000

续表

	观测值	均值	标准差	1/4分位	中位数	3/4分位
BGD_N	6243	0.536	0.669	0.000	0.000	1.000
BGD_D	6243	0.449	0.497	0.000	0.000	1.000
$SIZE$	6243	21.010	1.500	20.052	20.934	21.890
LEV	6243	0.084	0.112	0.005	0.033	0.125
MTB	6243	0.531	0.269	0.325	0.493	0.701
ROI	6243	0.007	0.019	0.000	0.000	0.005
PPE	6243	0.239	0.178	0.097	0.202	0.347
ITG	6243	0.046	0.056	0.012	0.030	0.058
IVT	6243	0.170	0.158	0.064	0.130	0.218
TA	6243	0.002	0.091	−0.045	0.001	0.049
EHR	6243	0.043	0.114	0.000	0.000	0.002
SPR	6243	1.398	0.795	1.000	1.000	1.470
IHR	6243	0.342	0.233	0.137	0.315	0.519
SUB	6243	11.081	14.294	3.000	6.000	13.000
$DUAL$	6243	0.212	0.409	0.000	0.000	0.000
(1) "没有雇佣审计师高管"公司($BGD\_D=0$)						
BTD	3442	−0.003	0.042	−0.009	0.001	0.012
$BTD1$	3442	−0.003	0.040	−0.009	0.001	0.012
(2) "只雇佣无关联审计师高管"公司($BGD\_D=1$,$AFL\_D=0$)						
BTD	2417	−0.007	0.051	−0.011	−0.000	0.011
$BTD1$	2417	−0.007	0.048	−0.011	−0.000	0.010
(3) "雇佣关联审计师高管"公司($BGD\_D=1$,$AFL\_D=1$)						
BTD	384	0.000	0.036	−0.008	0.001	0.011
$BTD1$	384	−0.001	0.035	−0.008	0.001	0.011

续表

	观测值	均值	标准差	1/4分位	中位数	3/4分位
	均值差	T值		中位数差	Z值	
(2)-(1)						
BTD	-0.004 ***	-3.70		-0.001 ***	-2.83	
BTD1	-0.004 ***	-3.88		-0.001 ***	-3.17	
(3)-(2)						
BTD	0.007 ***	2.63		0.001 *	1.81	
BTD1	0.006 ***	2.56		0.001	1.58	

注：***、**、* 分别表示检验在1%、5%、10%水平上统计显著；所有连续变量都经过1%的winsorize处理。

二 基本回归结果

表8-3报告了竞争性假设H1a和假设H1b的检验结果。审计师高管在"人数"及"虚拟变量"两种测量水平下，不加入其他控制变量，模型（1）的回归结果（1）、（3）、（5）和（7）中AFL的系数β_1分别为0.007、0.008、0.007和0.007，对应的T统计量为3.19、2.91、3.11和2.85，说明在控制了审计师高管的"一般税收知识"或"监管效应"后，"聘任有关联审计师高管"公司的"会计税收差异"显著高于"聘任无关联审计师高管"的公司，体现了前者更高的税收管理程度。加入其他控制变量后，回归结果（2）和（4）中AFL的系数仍然有0.004和0.005，并且T统计量分别为2.30和2.16，（6）和（8）的结果也类似，这说明在扣除其他控制变量的中介效应后，两类公司的"会计税收差异"仍然存在显著差别。8个回归结果中β_2均显著为负，这说明"聘任无关联审计师高管"的公司比"没有聘任审计师高管"的公司有更低的"会计税收差异"，体现了"无关联审计师高管"在税收上的监管效应。这个结论与Robinson等（2012）和Hsu等（2014）所发现的结论是一致的。总的回归结果表明，相对于"无关联审计师高管"来说，"有关联审计师高管"由于具备更多"信息优势"以及"有关客户特有的税收知识"，聘任他们的公司有更高程度的税收管理。而聘任的"无关联审计师高管"在公司税收方面起到了监管作用。这个结论类似于表8-2报告的单变量检验结果，多变量回归的结果也支持了假设H1a。

表8-3 审计工作背景的高管与税收管理

	(1) BTD AFL=AFL_N BGD=BGD_N	(2) BTD AFL=AFL_N BGD=BGD_N	(3) BTD AFL=AFL_D BGD=BGD_D	(4) BTD AFL=AFL_D BGD=BGD_D	(5) BTD1 AFL=AFL_N BGD=BGD_N	(6) BTD1 AFL=AFL_N BGD=BGD_N	(7) BTD1 AFL=AFL_D BGD=BGD_D	(8) BTD1 AFL=AFL_D BGD=BGD_D
AFL	0.007*** (3.19)	0.004** (2.30)	0.008*** (2.91)	0.005** (2.16)	0.007*** (3.11)	0.004** (2.22)	0.007*** (2.85)	0.005** (2.08)
BGD	-0.003*** (-3.64)	-0.001** (-2.14)	-0.004*** (-4.89)	-0.002*** (-3.58)	-0.003*** (-4.23)	-0.001** (-2.23)	-0.004*** (-5.35)	-0.002*** (-3.64)
SIZE		0.005*** (5.08)		0.005*** (5.03)		0.005*** (4.89)		0.005*** (4.84)
LEV		-0.034*** (-3.57)		-0.034*** (-3.58)		-0.032*** (-3.61)		-0.032*** (-3.62)
MTB		0.009* (1.89)		0.009* (1.91)		0.008* (1.80)		0.008* (1.82)
ROI		0.369*** (9.90)		0.368*** (10.00)		0.346*** (9.94)		0.346*** (10.05)
PPE		-0.024*** (-3.50)		-0.025*** (-3.51)		-0.023*** (-3.70)		-0.023*** (-3.71)
ITB		-0.055*** (-8.03)		-0.055*** (-7.98)		-0.054*** (-8.02)		-0.054*** (-7.96)
IVT		-0.022*** (-3.89)		-0.022*** (-3.86)		-0.023*** (-4.14)		-0.023*** (-4.11)

续表

	(1)	(2)	(3)	(4)	(5)	(6)	(7)	(8)
	BTD	BTD	BTD	BTD	BTD1	BTD1	BTD1	BTD1
	AFL=AFL_N BGD=BGD_N	AFL=AFL_N BGD=BGD_N	AFL=AFL_D BGD=BGD_D	AFL=AFL_D BGD=BGD_D	AFL=AFL_N BGD=BGD_N	AFL=AFL_N BGD=BGD_N	AFL=AFL_D BGD=BGD_D	AFL=AFL_D BGD=BGD_D
TA		0.026		0.026		0.007		0.007
		(1.63)		(1.63)		(0.54)		(0.54)
EHR		0.032***		0.032***		0.030***		0.030***
		(3.08)		(3.04)		(2.96)		(2.92)
SPR		-0.000		-0.000		-0.000		-0.000
		(-0.27)		(-0.27)		(-0.23)		(-0.23)
IHR		0.014*		0.014*		0.014*		0.014*
		(1.86)		(1.86)		(1.94)		(1.94)
SUB		-0.000***		-0.000***		-0.000***		-0.000***
		(-5.16)		(-5.17)		(-5.00)		(-5.01)
DUAL		0.000		0.000		0.000		0.000
		(0.22)		(0.22)		(0.21)		(0.21)
年度固定效应	YES	YES	YES	YES	YES	YES	YES	YES
行业固定效应	YES	YES	YES	YES	YES	YES	YES	YES
常数项	0.010	-0.083***	0.010	-0.082***	0.011*	-0.078***	0.011*	-0.077***
	(1.53)	(-3.86)	(1.57)	(-3.80)	(1.84)	(-3.60)	(1.88)	(-3.55)
Adj. R^2	0.023	0.141	0.023	0.142	0.021	0.099	0.021	0.099
N	6243	6243	6243	6243	6243	6243	6243	6243

注:***、**、*分别表示检验在1%、5%、10%水平上统计显著;所有连续变量都经过1%的winsorize处理。所有标准误都以年度和公司进行cluster修正过。

三 横截面分析

为了夯实我们的结论，我们又从不同的税收管理动机和差异化的治理水平下，进一步检验了"关联审计师高管"在税收管理方面的作用，具体分组回归的结果见表8-4。第（1）部分是按照"公司规模"分组回归的结果。在诸多文献当中，公司规模与税收管理程度之间的关系是模糊的。但是，在有关中国的税收研究当中，Li等（2014）认为中国的大公司可能会面临更大的政治压力和更多政府的详细审查，因此有较少可能从事避税。利用"公司规模"中位数分组的结果显示，两种审计师高管测量水平下，在规模小的公司当中，"关联审计师高管"AFL与公司税收管理程度 BTD（$BTD1$）的回归系数 β_1 均分别为0.007和0.008，对应的T值为4.44和4.06（4.06和3.87）；而对应的公司规模大的样本组，回归系数 β_1 均在0.001以下，T值还不到1。这表明"关联审计师高管"在税收管理动机更强的小公司中的作用更显著。

国有股权是我国公司治理的核心问题。吴联生（2009）发现国有股权与公司税负显著正相关，说明国有企业承担了更重的税负。但是将流转税负纳入考虑范围后，刘骏和刘峰（2014）却发现国有企业税负低于非国有企业。Bradshaw等（2013）和Li等（2014）有关中国的研究表明，国有企业有较少的动机从事避税。刘慧龙和吴联生（2014）也认为国有控股公司的避税动机较弱。相应地，非国有企业有更强的避税动机。表8-4的第（2）部分的结果显示，非国有企业中，"关联审计师高管"AFL与公司税收管理程度的回归系数 β_1 均为显著的0.005，对应的T值都在2以上；而对应的国有企业，β_1 均不显著，而且都在0.003以下，且小于非国有企业的 β_1。在税收管理动机更强的非国有企业，"关联审计师高管"所起的作用更为突出，而在国有企业作用甚微。

一般认为机构投资者有监督治理效应，因此机构投资者可以抑制公司税收规避行为（Olsen and Stekelberg, 2015; Kim and Zhang, 2016）。Khurana and Moser（2013）则认为，如果避税能够通过税收节约增加公司价值，长期机构投资者会强化股东监管，他们持股越高，公司避税程度越大；如果避税活动助长了管理层的机会主义、减少透明度，长期机构投资者更可能抑制避税活动。他们的证据也支持了长期机构投资者对公司避税行为的抑制作用。Khurana and Moser（2009）还发现，长期机构投资者投

表 8-4　审计工作背景的高管与税收管理（横截面分析）

	(1)	(2)	(3)	(4)	(5)	(6)	(7)	(8)
	BTD	BTD	BTD	BTD	BTD1	BTD1	BTD1	BTD1
	AFL=AFL_N BGD=BGD_N	AFL=AFL_N BGD=BGD_N	AFL=AFL_D BGD=BGD_D	AFL=AFL_D BGD=BGD_D	AFL=AFL_N BGD=BGD_N	AFL=AFL_N BGD=BGD_N	AFL=AFL_D BGD=BGD_D	AFL=AFL_D BGD=BGD_D
(1) 公司规模	大	小	大	小	大	小	大	小
AFL	0.000	0.007***	0.000	0.008***	0.000	0.007***	0.001	0.008***
	(0.05)	(4.44)	(0.14)	(4.06)	(0.11)	(4.06)	(0.20)	(3.87)
BGD	-0.000	-0.002**	-0.001	-0.004***	-0.000	-0.002**	-0.001	-0.004***
	(-0.33)	(-2.24)	(-0.79)	(-3.02)	(-0.36)	(-2.16)	(-0.82)	(-2.88)
其他控制变量	YES	YES	YES	YES	YES	YES	YES	YES
年度固定效应	YES	YES	YES	YES	YES	YES	YES	YES
行业固定效应	YES	YES	YES	YES	YES	YES	YES	YES
Adj. R^2	0.146	0.175	0.146	0.175	0.117	0.131	0.117	0.131
N	3124	3119	3124	3119	3124	3119	3124	3119
(2) 国有企业	是	否	是	否	是	否	是	否
AFL	0.001	0.005**	0.003	0.005**	0.002	0.005**	0.003	0.005**
	(0.53)	(2.40)	(0.75)	(2.23)	(0.60)	(2.24)	(0.82)	(2.12)
BGD	-0.001	-0.003**	-0.002	-0.005***	-0.002	-0.003**	-0.002	-0.004***
	(-0.70)	(-2.55)	(-1.15)	(-3.00)	(-0.74)	(-2.40)	(-1.18)	(-2.71)

第八章 关联审计师高管与公司税收管理

续表

	(1)	(2)	(3)	(4)	(5)	(6)	(7)	(8)
	BTD	BTD	BTD	BTD	BTD1	BTD1	BTD1	BTD1
	AFL=AFL_N BGD=BGD_N	AFL=AFL_N BGD=BGD_N	AFL=AFL_D BGD=BGD_D	AFL=AFL_D BGD=BGD_D	AFL=AFL_N BGD=BGD_N	AFL=AFL_N BGD=BGD_N	AFL=AFL_D BGD=BGD_D	AFL=AFL_D BGD=BGD_D
(2) 国有企业	是	否	是	否	是	否	是	否
其他控制变量	YES	YES	YES	YES	YES	YES	YES	YES
年度固定效应	YES	YES	YES	YES	YES	YES	YES	YES
行业固定效应	YES	YES	YES	YES	YES	YES	YES	YES
Adj. R^2	0.168	0.149	0.169	0.149	0.125	0.109	0.125	0.110
N	3076	3167	3076	3167	3076	3167	3076	3167
(3) 机构持股	是	否	是	否	是	否	是	否
AFL	0.004**	0.020**	0.004*	0.025***	0.003*	0.020**	0.004*	0.025***
	(1.97)	(2.58)	(1.86)	(2.93)	(1.87)	(2.41)	(1.78)	(2.73)
BGD	−0.002***	−0.001	−0.003***	−0.004	−0.002***	−0.002	−0.002***	−0.005
	(−2.71)	(−0.15)	(−3.53)	(−0.52)	(−2.71)	(−0.23)	(−3.45)	(−0.64)
其他控制变量	YES	YES	YES	YES	YES	YES	YES	YES
年度固定效应	YES	YES	YES	YES	YES	YES	YES	YES
行业固定效应	YES	YES	YES	YES	YES	YES	YES	YES
Adj. R^2	0.134	0.207	0.134	0.208	0.095	0.169	0.095	0.170
N	6049	194	6049	194	6049	194	6049	194
(4) 分析师跟踪	多	少	多	少	多	少	多	少
AFL	0.003	0.004**	0.004	0.005**	0.003	0.004**	0.003	0.005**
	(0.94)	(2.33)	(0.82)	(2.08)	(0.94)	(2.34)	(0.81)	(2.05)

续表

	(1)	(2)	(3)	(4)	(5)	(6)	(7)	(8)
	BTD	BTD	BTD	BTD	BTD1	BTD1	BTD1	BTD1
	AFL=AFL_N BGD=BGD_N	AFL=AFL_N BGD=BGD_N	AFL=AFL_D BGD=BGD_D	AFL=AFL_D BGD=BGD_D	AFL=AFL_N BGD=BGD_N	AFL=AFL_N BGD=BGD_N	AFL=AFL_D BGD=BGD_D	AFL=AFL_D BGD=BGD_D
(4) 分析师跟踪	多	少	多	少	多	少	多	少
BGD	−0.002**	−0.001	−0.002	−0.003	−0.002*	−0.001	−0.002	−0.003*
	(−1.96)	(−1.11)	(−1.35)	(−1.57)	(−1.88)	(−1.30)	(−1.27)	(−1.69)
其他控制变量	YES	YES	YES	YES	YES	YES	YES	YES
年度固定效应	YES	YES	YES	YES	YES	YES	YES	YES
行业固定效应	YES	YES	YES	YES	YES	YES	YES	YES
Adj. R^2	0.166	0.195	0.166	0.196	0.132	0.140	0.132	0.141
N	3556	2687	3556	2687	3556	2687	3556	2687
(5) 国际四大	是	否	是	否	是	否	是	否
AFL	0.002	0.004**	0.002	0.005**	0.002	0.004*	0.002	0.004**
	(0.43)	(2.00)	(0.28)	(2.06)	(0.40)	(1.91)	(0.29)	(1.97)
BGD	−0.002	−0.002**	−0.003	−0.003***	−0.002	−0.002**	−0.003	−0.003***
	(−1.12)	(−2.23)	(−1.52)	(−3.42)	(−1.15)	(−2.32)	(−1.60)	(−3.54)
其他控制变量	YES	YES	YES	YES	YES	YES	YES	YES
年度固定效应	YES	YES	YES	YES	YES	YES	YES	YES
行业固定效应	YES	YES	YES	YES	YES	YES	YES	YES
Adj. R^2	0.117	0.139	0.118	0.139	0.104	0.099	0.105	0.100
N	336	5907	336	5907	336	5907	336	5907

注：***、**、* 分别表示检验在 1%、5%、10% 水平上统计显著；所有连续变量都经过 1% 的 winsorize 处理。所有标准误差都以年度和公司进行 cluster 修正过。

资的公司有较低的避税水平，但是短期机构投资者促使管理层进行了更多的避税，因为后者更注重短期内的公司价值最大化。Cheng 等（2012）的证据显示对冲基金的介入助长了企业避税。这些不同的结果说明，机构投资者抑制还是助长企业避税，取决于避税是否为其带来了长期或短期利益。第（3）部分的结果显示，在机构投资者持股的样本组，AFL 的系数均在 0.003 和 0.004 左右，T 值在 1.78~1.97 之间；而当公司没有机构投资者持股时，AFL 的系数为显著的 0.02 和 0.025，是有机构持股企业的 6 倍以上。这说明在有机构投资者监管时，"关联审计师高管"在税收管理方面的作用被弱化了，体现了机构投资者持股在税收上的监管作用，在没有机构投资者持股的公司，"关联审计师高管"税收管理方面的作用更为突出。

Graham 等（2014）认为分析师跟踪多的公司有更多关于避税的声誉关注，因此他们会抑制公司的避税活动。Allen 等（2014）直接的经验证据表明分析师跟踪与避税显著负相关。表 8-4 第（4）部分是利用分析师跟踪中位数分组的检验结果。分析师跟踪多的公司，AFL 的系数分别为不显著的 0.003、0.004、0.003 和 0.003，而分析师跟踪少的公司，其系数更大，分别为 0.004、0.005、0.004 和 0.005，而且 T 值均在 2 以上，分析师跟踪少的公司"关联审计师高管"在公司税收管理上的作用更突出。这也体现了分析师在抑制"关联审计师高管"进行税收管理方面的作用。我们的这些结论与 Graham 等（2014）和 Allen 等（2014）的观点和结论是一致的。

普遍性的观点认为国际四大会计师事务所（以下简称"国际四大"）能发挥很强的外部监管作用。"国际四大"通过强化监管和高质量的审计来减少公司的税收规避活动（Richardson 等，2013）。并且在美国有"萨班斯法案"对会计师事务所提供税收服务进行限制，但是 McGuire 等（2012）的证据显示在"萨班斯法案"实施后，外部审计师仍然为客户带来了更高程度的避税。这表明外部审计师在税收上并没有发挥监管作用。Addison and Mueller（2015）也认为"国际四大"在税收方面存在职业上的黑暗面。"国际四大"倾向于广泛地开发和销售他们的税收规避方案，帮助公司报告更高利润的同时，仅支付更低的公司税负。表 8-4 第（5）部分是利用公司聘请的会计师事务所是否为"国际四大"进行的分组。通过分组的结果我们可以看出，在"国际四大"组，AFL 的系数均只有不显著的 0.002，而在"非国际四大"组，其系数均超过 0.004，为"国际四大"组的 2 倍之多，对应的 T 值也大多在 1.97 以上，"关联审计师高管"仅在聘请"非国际四大"的公司税收管理上发挥了更为突出的作用。这也说明，针对"关联审计师高管"从事税收管理，"国际四大"存在一定程度的治理效应。

四 作用机理检验和自选择问题

在假设 H1a 的推导过程中，认为"关联审计师高管"具有"信息优势"，这更利于企业进行税收管理。因此，"信息优势"作为高管降低企业税负的一种作用路径有待进一步检验，结果见表 8-5。Gallemore and Labro（2015）认为公司的避税能力会受内部信息环境的影响，内部信息质量高能有效降低公司有效税率，使得地理上分散的公司受益更多，尤其当环境不确定时，内部信息质量对公司节税的作用更为突出。内部信息质量高可以降低税率而不会引发税收风险。公司内部实体之间会存在较为严重的信息不对称，尤其是分散经营的公司，这同时也为税收管理提供了更多空间和筹划的机会。Maydew（2001）也认为公司分散经营，其收入可以在不同纳税地之间进行转移，进而会导致节税。而公司内部信息能有效降低税负是因为它改善了公司或分部间的协同。"关联审计师高管"以"审计师"身份为公司提供过服务，熟知公司的过去和现在，相比"无关联审计师高管"拥有更多信息优势，他们的信息也可以用于改善公司和分部间的协同效应，为公司税收管理作出更有利的决策，使得公司有更低的税负。相比 Gallemore and Labro（2015）使用的"销售收入的地理分部"，上市公司"子公司数"能更好地衡量公司内部的信息不对称程度。我们以上市公司"子公司数"中位数为标准，将样本分为信息不对称程度高和程度低两组子样本进行回归对比，结果见表 8-5。因变量为 BTD 时，对比 AFL 的回归系数可以看出，在信息不对称程度高的样本组，"有关联的审计师高管"与公司"会计税收差异"显著正相关（β_1 分别为 0.003 和 0.004，T 值分别为 2.08 和 1.70），而在信息不对称程度低的样本组，"有关联的审计师高管"在税负上的作用缺乏统计上的显著性（β_1 分别为 0.002 和 0.003，T 值分别为 1.40 和 1.48）。另外我们发现，在信息不对称程度低的样本组，"无关联审计师高管"BGD 的回归系数 β_2 依然显著为负，而在信息不对称程度高的样本组，BGD 的回归系数 β_2 均为正，尽管统计上不显著，而且系

表 8–5　审计工作背景的高管与税收管理（作用机理检验一：信息优势）

	(1)	(2)	(3)	(4)	(5)	(6)	(7)	(8)
	BTD	BTD	BTD	BTD	BTD1	BTD1	BTD1	BTD1
	AFL=AFL_N BGD=BGD_N	AFL=AFL_N BGD=BGD_N	AFL=AFL_D BGD=BGD_D	AFL=AFL_D BGD=BGD_D	AFL=AFL_N BGD=BGD_N	AFL=AFL_N BGD=BGD_N	AFL=AFL_D BGD=BGD_D	AFL=AFL_D BGD=BGD_D
	高	低	高	低	高	低	高	低
AFL	0.003**	0.002	0.004*	0.003	0.003**	0.002	0.004*	0.003
	(2.08)	(1.40)	(1.70)	(1.48)	(2.05)	(1.32)	(1.72)	(1.39)
BGD	0.000	−0.002**	0.001	−0.004***	−0.000	−0.002**	0.000	−0.003***
	(0.11)	(−2.43)	(0.33)	(−3.14)	(−0.12)	(−2.33)	(0.16)	(−3.00)
SIZE	0.004***	0.006***	0.004***	0.006***	0.004***	0.006***	0.004***	0.005***
	(4.36)	(5.24)	(4.29)	(5.21)	(4.16)	(5.03)	(4.10)	(5.00)
LEV	−0.026*	−0.040***	−0.026*	−0.040***	−0.024*	−0.038***	−0.024*	−0.038***
	(−1.84)	(−3.74)	(−1.86)	(−3.74)	(−1.86)	(−3.79)	(−1.89)	(−3.79)
MTB	0.005	0.013***	0.005	0.013***	0.004	0.012***	0.004	0.012***
	(0.70)	(3.43)	(0.72)	(3.47)	(0.58)	(3.36)	(0.59)	(3.40)
ROI	0.444***	0.278***	0.444***	0.277***	0.416***	0.264***	0.416***	0.264***
	(17.62)	(3.97)	(17.76)	(3.98)	(16.68)	(4.13)	(16.78)	(4.14)
PPE	−0.009	−0.025***	−0.009	−0.025***	−0.008	−0.024***	−0.008	−0.024***
	(−1.32)	(−3.35)	(−1.30)	(−3.40)	(−1.25)	(−3.61)	(−1.23)	(−3.66)

续表

	(1)	(2)	(3)	(4)	(5)	(6)	(7)	(8)
	BTD	BTD	BTD	BTD	BTD1	BTD1	BTD1	BTD1
	AFL=AFL_N BGD=BGD_N	AFL=AFL_N BGD=BGD_N	AFL=AFL_D BGD=BGD_D	AFL=AFL_D BGD=BGD_D	AFL=AFL_N BGD=BGD_N	AFL=AFL_N BGD=BGD_N	AFL=AFL_D BGD=BGD_D	AFL=AFL_D BGD=BGD_D
ITB	-0.042**	-0.043***	-0.042**	-0.043***	-0.042**	-0.043***	-0.042**	-0.043***
	(-2.35)	(-2.60)	(-2.37)	(-2.59)	(-2.53)	(-2.76)	(-2.54)	(-2.75)
IVT	-0.011***	-0.033***	-0.011***	-0.033***	-0.012***	-0.033***	-0.012***	-0.033***
	(-2.59)	(-4.11)	(-2.60)	(-4.15)	(-3.07)	(-4.09)	(-3.07)	(-4.13)
TA	0.014**	0.100***	0.014**	0.100***	-0.004	0.075***	-0.004	0.075***
	(2.39)	(4.61)	(2.40)	(4.61)	(-1.15)	(3.82)	(-1.15)	(3.82)
EHR	0.034*	0.022**	0.034*	0.022**	0.031*	0.021**	0.031*	0.020**
	(1.81)	(2.56)	(1.83)	(2.54)	(1.74)	(2.48)	(1.75)	(2.46)
SPR	-0.001	0.001	-0.001	0.001	-0.001	0.001	-0.001	0.001
	(-1.26)	(0.76)	(-1.30)	(0.78)	(-1.13)	(0.75)	(-1.17)	(0.77)
IHR	0.018***	0.013*	0.018**	0.012*	0.018**	0.013*	0.018**	0.013*
	(2.32)	(1.74)	(2.33)	(1.71)	(2.34)	(1.85)	(2.34)	(1.82)
SUB	-0.000***	-0.001***	-0.000***	-0.001**	-0.000***	-0.001***	-0.000**	-0.001***

第八章 关联审计师高管与公司税收管理

续表

	(1)	(2)	(3)	(4)	(5)	(6)	(7)	(8)
	BTD	BTD	BTD	BTD	BTD1	BTD1	BTD1	BTD1
	AFL=AFL_N BGD=BGD_N	AFL=AFL_N BGD=BGD_N	AFL=AFL_D BGD=BGD_D	AFL=AFL_D BGD=BGD_D	AFL=AFL_N BGD=BGD_N	AFL=AFL_N BGD=BGD_N	AFL=AFL_D BGD=BGD_D	AFL=AFL_D BGD=BGD_D
	(-2.81)	(-2.58)	(-2.76)	(-2.57)	(-2.60)	(-2.61)	(-2.56)	(-2.60)
DUAL	0.001	-0.000	0.001	-0.000	0.001	-0.000	0.001	-0.000
	(0.70)	(-0.13)	(0.72)	(-0.10)	(0.64)	(-0.17)	(0.65)	(-0.14)
年度固定效应	YES	YES	YES	YES	YES	YES	YES	YES
行业固定效应	YES	YES	YES	YES	YES	YES	YES	YES
常数项	-0.069***	-0.095***	-0.069***	-0.093***	-0.063**	-0.090***	-0.064**	-0.088***
	(-2.70)	(-4.58)	(-2.68)	(-4.53)	(-2.54)	(-4.24)	(-2.52)	(-4.20)
Adj. R^2	0.140	0.220	0.140	0.220	0.110	0.174	0.110	0.175
N	2767	3476	2767	3476	2767	3476	2767	3476

注:***、**、*分别表示检验在1%、5%、10%水平上统计显著;所有连续变量都经过1%的winsorize处理。所有标准误都以年度和公司进行cluster修正过。

数绝对值也趋近于0，但这也说明内部信息不对称程度妨碍了"无关联审计师高管"监管作用的发挥。这些结果说明公司内部信息不对称程度严重时，"关联审计师高管"拥有的信息优势发挥了作用，"无关联审计师高管"只能充当"睁眼瞎"；公司内部信息不对称不严重时，"关联审计师高管"的优势则无法得以凸显，但是较轻的信息不对称没有妨碍"无关联审计师高管"的监管。以上结果表明，"关联审计师高管"的信息优势有助于公司的税收管理。当因变量为BTD1时，其结果非常接近，同样可以得出类似的结论。

有关客户的特有税收知识是"关联审计师高管"影响公司税收管理的另外一条路径。公司如果有海外业务，则会涉及其他国家或地区的税法，进行税收管理则需要特定地区的税收知识。"关联审计师高管"曾经在该公司工作过，具备该公司在特定地区的税收知识。因此在"有海外业务"的公司中，聘请了"关联审计师高管"的公司有更突出的税收管理。表8-6提供了公司是否有海外业务分组的结果，可以看出，在"有海外业务"组，AFL的系数在第（1）和第（5）列均为0.004，T值分别为1.76和1.73，在10%水平上显著；而对应的"无海外业务"组中AFL的系数为不显著的0.000，明显低于"有海外业务"组AFL的系数，说明当公司有海外业务时，"关联审计师高管"因具备有关公司的专门知识，以及这一特定实体所在地区和行业的相关税法，能为公司带来更高程度的税收管理。

"审计师高管"与公司税负之间的关系有可能是"自选择"的结果，为了排除"自选择"问题，我们在表8-7中提供了Heckman检验的回归结果。表8-7中（1）、（2）分别为"关联审计师高管"和"审计师高管"的选择模型，其中Distance是上市公司所在地和聘请的会计师事务所所在地市级水平直线距离[①]，我们认为Distance越大、距离越远越可能聘请该事务所的审计师，正的回归系数也证明了这一点。（3）、（4）是控制了选择模型（1）、（2）所生成的"逆米尔斯值"IMR1和IMR2后得到的结果。IMR1和IMR2显著的系数表明自选择效应的存在。当（3）、（4）中带入自选择参数后，两种"审计师高管"测量水平下，AFL的系数依然为显著的0.004和0.005，T统计量都在2.2左右，"关联审计师高管"与"会计税收差异"（BTD）之间的正相关关系依然在0.05的水平下显著。同时，

---

① 市级水平的距离通过GOOGLE获得。

表 8-6　审计工作背景的高管与税收管理（作用机理检验二：特有税收知识）

	(1)	(2)	(3)	(4)	(5)	(6)	(7)	(8)
	BTD	BTD	BTD	BTD	BTD1	BTD1	BTD1	BTD1
	AFL=AFL_N BGD=BGD_N	AFL=AFL_N BGD=BGD_N	AFL=AFL_D BGD=BGD_D	AFL=AFL_D BGD=BGD_D	AFL=AFL_N BGD=BGD_N	AFL=AFL_N BGD=BGD_N	AFL=AFL_D BGD=BGD_D	AFL=AFL_D BGD=BGD_D
	有	无	有	无	有	无	有	无
AFL	0.004*	0.000	0.004	0.003	0.004*	0.000	0.004	0.003
	(1.76)	(0.04)	(1.56)	(1.24)	(1.73)	(0.08)	(1.51)	(1.29)
BGD	-0.002**	-0.000	-0.003***	-0.001	-0.002**	-0.000	-0.003***	-0.001
	(-2.35)	(-0.11)	(-3.79)	(-0.62)	(-2.42)	(-0.33)	(-3.76)	(-0.69)
SIZE	0.006***	0.003***	0.006***	0.003***	0.005***	0.003***	0.005***	0.003***
	(5.50)	(2.88)	(5.44)	(2.82)	(5.20)	(2.92)	(5.15)	(2.85)
LEV	-0.039***	-0.022***	-0.039***	-0.023***	-0.037***	-0.022***	-0.037***	-0.022***
	(-3.52)	(-3.36)	(-3.55)	(-3.40)	(-3.58)	(-3.38)	(-3.61)	(-3.41)
MTB	0.014***	-0.005	0.014***	-0.005	0.013***	-0.005	0.013***	-0.005
	(3.24)	(-0.80)	(3.33)	(-0.82)	(3.10)	(-0.81)	(3.19)	(-0.83)
ROI	0.367***	0.286***	0.366***	0.290***	0.341***	0.283***	0.341***	0.286***
	(6.81)	(5.69)	(6.79)	(5.77)	(6.82)	(5.89)	(6.81)	(5.98)
PPE	-0.030***	0.016	-0.031***	0.016	-0.029***	0.015	-0.029***	0.016
	(-4.22)	(1.51)	(-4.21)	(1.58)	(-4.46)	(1.50)	(-4.45)	(1.58)
ITB	-0.057***	-0.027	-0.057***	-0.027*	-0.056***	-0.027*	-0.057***	-0.028*
	(-8.31)	(-1.62)	(-8.28)	(-1.65)	(-8.37)	(-1.69)	(-8.35)	(-1.72)
IVT	-0.025***	-0.027***	-0.025***	-0.027***	-0.026***	-0.027**	-0.026***	-0.027**
	(-4.37)	(-2.70)	(-4.35)	(-2.71)	(-4.71)	(-2.57)	(-4.69)	(-2.58)
TA	0.025*	0.140***	0.025*	0.140***	0.006	0.109**	0.006	0.109**

续表

	(1)	(2)	(3)	(4)	(5)	(6)	(7)	(8)
	BTD	BTD	BTD	BTD	BTD1	BTD1	BTD1	BTD1
	AFL=AFL_N BGD=BGD_N	AFL=AFL_N BGD=BGD_N	AFL=AFL_D BGD=BGD_D	AFL=AFL_D BGD=BGD_D	AFL=AFL_N BGD=BGD_N	AFL=AFL_N BGD=BGD_N	AFL=AFL_D BGD=BGD_D	AFL=AFL_D BGD=BGD_D
EHR	0.037***	0.006	0.037***	0.006	0.034***	0.006	0.034***	0.006
	(3.28)	(0.95)	(3.24)	(0.97)	(3.12)	(0.96)	(3.08)	(0.99)
SPR	−0.000	0.000	−0.000	0.000	−0.000	0.000	−0.000	0.000
	(−0.30)	(0.12)	(−0.30)	(0.13)	(−0.26)	(−0.14)	(−0.27)	(−0.15)
IHR	0.015	0.007***	0.015	0.007***	0.015*	0.006***	0.015*	0.006***
	(1.59)	(3.36)	(1.58)	(3.29)	(1.66)	(3.25)	(1.66)	(3.18)
SUB	−0.000***	−0.000	−0.000***	−0.000	−0.000***	−0.000	−0.000***	−0.000
	(−4.20)	(−1.14)	(−4.18)	(−1.14)	(−4.07)	(−1.14)	(−4.06)	(−1.14)
DUAL	0.000	−0.000	0.000	−0.000	0.000	−0.000	0.000	−0.000
	(0.02)	(−0.08)	(0.02)	(−0.09)	(0.04)	(−0.10)	(0.04)	(−0.10)
年度固定效应	YES	YES	YES	YES	YES	YES	YES	YES
行业固定效应	YES	YES	YES	YES	YES	YES	YES	YES
常数项	−0.100***	−0.015	−0.099***	−0.014	−0.093***	−0.016	−0.092***	−0.015
	(−4.87)	(−0.48)	(−4.80)	(−0.45)	(−4.51)	(−0.50)	(−4.45)	(−0.47)
Adj. R²	0.149	0.182	0.150	0.182	0.109	0.148	0.110	0.149
N	4835	1408	4835	1408	4835	1408	4835	1408

注：***、**、*分别表示检验在1%、5%、10%水平上统计显著；所有连续变量都经过1%的winsorize处理。所有标准误都以年度和公司进行cluster修正过。

"无关联审计师高管"在税收上的监管作用依然存在，BGD 的系数为 -0.001 和 -0.002，分别在 0.1 和 0.001 的水平下显著。同样，当因变量为 $BTD1$ 时，也有非常类似的结果。这说明"自选择"问题并没有影响到我们的结论。

表8-7　　审计工作背景的高管与税收管理（自选择问题）

因变量	(1) AFL_D	(2) BGD_D	(3) BTD AFL=AFL_N BGD=BGD_N	(4) BTD AFL=AFL_D BGD=BGD_D	(5) BTD1 AFL=AFL_N BGD=BGD_N	(6) BTD1 AFL=AFL_D BGD=BGD_D
Distance	0.000	0.000***				
	(0.99)	(5.42)				
AFL			0.004**	0.005**	0.004**	0.005**
			(2.26)	(2.15)	(2.18)	(2.08)
BGD			-0.001**	-0.002***	-0.001**	-0.002***
			(-2.19)	(-3.58)	(-2.28)	(-3.56)
SIZE	0.007	-0.078***	0.024***	0.024***	0.023***	0.023***
	(0.30)	(-5.04)	(5.00)	(4.99)	(5.48)	(5.48)
LEV	-0.326	-0.117	-0.222***	-0.221***	-0.213***	-0.213***
	(-1.12)	(-0.67)	(-4.70)	(-4.70)	(-5.36)	(-5.38)
MTB	0.190	-0.087	0.145***	0.145***	0.140***	0.139***
	(1.61)	(-1.12)	(3.98)	(3.98)	(4.40)	(4.40)
ROI	0.760	-1.743*	1.167***	1.166***	1.116***	1.115***
	(0.54)	(-1.94)	(6.93)	(6.91)	(7.97)	(7.95)
PPE	-0.409**	-0.139	-0.264***	-0.264***	-0.254***	-0.254***
	(-2.07)	(-1.16)	(-4.89)	(-4.88)	(-5.73)	(-5.74)
ITB	0.197	-0.145	0.096***	0.095***	0.092***	0.091***
	(0.39)	(-0.46)	(2.79)	(2.79)	(3.22)	(3.22)
IVT	0.113	0.149	0.023*	0.023*	0.021*	0.021*
	(0.49)	(1.02)	(1.69)	(1.68)	(1.72)	(1.72)
TA	0.030	0.017	0.044**	0.044**	0.024	0.024
	(0.44)	(0.30)	(2.44)	(2.45)	(1.53)	(1.53)

续表

	(1)	(2)	(3)	(4)	(5)	(6)
因变量	AFL_D	BGD_D	BTD AFL=AFL_N BGD=BGD_N	BTD AFL=AFL_D BGD=BGD_D	BTD1 AFL=AFL_N BGD=BGD_N	BTD1 AFL=AFL_D BGD=BGD_D
EHR	0.696***	0.202	0.439***	0.439***	0.423***	0.423***
	(2.74)	(1.19)	(4.53)	(4.53)	(5.13)	(5.14)
SPR	-0.046	0.045**	-0.037***	-0.037***	-0.036***	-0.036***
	(-1.22)	(2.14)	(-4.08)	(-4.07)	(-4.59)	(-4.59)
IHR	-0.016	-0.228***	0.044***	0.044***	0.043***	0.043***
	(-0.13)	(-2.88)	(2.67)	(2.66)	(2.75)	(2.75)
SUB	0.000	-0.001	0.000*	0.000*	0.000**	0.000**
	(0.12)	(-0.53)	(1.79)	(1.79)	(2.17)	(2.18)
DUAL	-0.144*	0.021	-0.096***	-0.096***	-0.092***	-0.092***
	(-1.96)	(0.47)	(-4.32)	(-4.31)	(-5.01)	(-5.00)
IMR1			0.746***	0.745***	0.720***	0.719***
			(4.38)	(4.37)	(5.03)	(5.03)
IMR2			-0.264***	-0.264***	-0.255***	-0.254***
			(-3.49)	(-3.49)	(-3.81)	(-3.81)
年度固定效应	YES	YES	YES	YES	YES	YES
行业固定效应	YES	YES	YES	YES	YES	YES
常数项	-1.841***	1.619***	-1.818***	-1.815***	-1.753***	-1.750***
	(-3.44)	(4.87)	(-4.50)	(-4.49)	(-5.12)	(-5.12)
Pse. R^2/Adj. R^2	0.017	0.022	0.144	0.144	0.105	0.105
N	6173	6173	6173	6173	6173	6173

注：***、**、*分别表示检验在1%、5%、10%水平上统计显著；所有连续变量都经过1%的winsorize处理。(1)和(2)是选择模型；(3)和(4)、(5)和(6)控制了逆米尔斯值IMR1和IMR2，以控制自选择问题。样本量减少为6173是因为distance缺失70个所致。(3)~(6)所有标准误差都以年度和公司进行cluster修正过。

第六节 研究结论及建议

有审计工作背景的高管即审计师高管,一种是"关联审计师高管"或"反转门高管",来自上市公司目前聘任的会计师事务所;另一种是"无关联审计师高管",则来自其他会计师事务所。本书检验了上市公司聘请这两类高管与上市公司税收管理之间的关系。研究结果发现,相对于聘任"无关联审计师高管"的公司,聘任"关联审计师高管"的公司,有更大的会计税收差异,说明"关联审计师高管"带来了更高程度的税收管理,这主要是因为"关联审计师高管"曾经以审计师的身份为公司提供过服务,他们除了与会计师事务所存在关联关系外,还具备有关公司特有的税收知识和信息上的优势。同时,在小公司和非国有企业,其税收管理的动机更强,因此关联审计师高管带来的税收管理作用更显著。一般认为机构持股、分析师跟踪以及国际四大会计师事务所有监督治理作用。因此,在没有机构投资者持股、分析师跟踪少以及"非国际四大"审计的公司,关联审计师高管在税收管理上的作用更加突出。利用子公司数量衡量了公司内部信息不对称程度,分组回归的结果进一步证明,在信息不对称程度高的公司,由于"关联审计师高管"具备信息优势,"关联审计师高管"在公司税收管理上的作用得以进一步凸显。Heckman检验结果进一步排除了自选择问题,笃实了"关联审计师高管"在税收管理上的作用。另外,"无关联审计师高管"在税收管理上有监督作用也得到了验证。

本研究揭示了影响我国上市公司税收的特殊动因,补充了"关联审计师高管"方面的文献,也进一步丰富了公司治理方面的研究。从文献回顾部分可以看出,有关公司是否聘请"关联审计师高管"存在不同的观点和正反两方面的经验证据,尤其在美国背景下的研究当中,他们围绕聘请"关联审计师高管"是否需要冷静期("萨班斯法案"的相关条款),也一直争论不休。然而这些研究都没有检验"关联审计师高管"对公司税负管理产生的影响和机理,在中国当前的背景下,相应的经验证据较为鲜见,也没有相关的法律制度规范公司聘请"关联审计师高管"。本书立足于中国现实状况,进一步验证了"无关联审计师高管"在税收管理上的监督作用;同时经验证据也揭示了"关联审计师高管"影响公司税收管理的机理和路径,基于公司进行税收管理所带来的利弊,我们应该有相关法律和制度对公司聘请"关联审计师高管"进行规范。

第九章　主要研究结论

本书结合中国的制度背景,研究了上市公司通过包括独立董事在内的高管建立事务所关联是否影响了审计质量。研究表明存在事务所关联的公司收到"标准意见"的概率更大;国有企业和具有关联关系的公司收到"非标准意见"的概率较低。高管关联关系对非国有企业收到标准审计意见的影响比其对国有企业的影响更大。总的证据说明,高管会计师事务所关联削弱了审计质量。

目前,针对上市公司高管的事务所关联行为,中国尚无明确的规定,借鉴"萨班斯法案"对这种行为的限制,以及国内外相关的研究结论,尤其是本书以中国制度背景进行的研究,监管部门应该密切关注日益增多的事务所关联关系,以及这种关联带来的危害,并予以规范;关联关系对独立董事独立性和审计师独立性有双重危害,独立董事制度更应该予以补充和完善。

本书的研究发现,国有股权和高管关联关系增加了公司获得标准审计意见的概率,并且非国有企业高管关联关系带来的概率的增量大于国有企业。这些结果说明国有股权和高管关联关系是削弱审计独立性的两种重要关系形式,相比国有企业,高管关联关系对非国有企业更为重要。

本书还研究了高管会计师事务所关联对审计任期(事务所任期)和审计质量的影响,以及事务所关联存在和不存在的条件下审计任期与审计质量的关系。实证的结果表明,有事务所关联的公司更可能收到标准审计意见,从而说明事务所关联降低了审计质量;同时,事务所关联关系的存在延长了审计任期,即存在事务所关联的公司比没有事务所关联的公司与事务所合作的时间更长。在有事务所关联的公司和没有事务所关联的公司中,审计任期与审计质量之间的关系不同,进而说明有事务所关联公司的审计质量并不取决于审计任期,而是事务所关联本身的影响所造成的。

本书还检验了会计师事务所关联与审计收费之间的关系。研究发现,有会计师事务所关联公司的审计费用比没有关联的公司显著低；经过深入分析，其原因是雇佣关联下被更换的"新"高管或回报关联下被更换的"新"会计师事务所与对方签订首次审计合约，导致了审计定价折扣；进一步考察了审计意见对审计费用产生的影响，在无关联关系情况下，获得非标准审计意见公司的审计费用较高，但是没有显著的证据表明事务所关联影响了审计意见对审计费用的作用关系。

本书还考察了高管的"CPA工作背景"和"事务所关联"对公司盈余管理的影响。没有显著的证据表明，CPA高管的经验、技能会显著地监督和限制公司的盈余管理行为；但是，"事务所关联"赋予了高管进行额外应计盈余管理的能力，能让审计师接受更高水平的应计盈余管理，使得公司面临的审计监管更为宽松，公司没有转向成本更高的真实盈余管理，而有更低水平的真实盈余管理。这个现象说明，在中国上市公司中，CPA高管的工作技能和经验没能让公司受益，不仅在盈余管理方面没有发挥应有的监管作用，反而"助纣为虐"，使得公司有更高水平的应计盈余管理。因此，中国的监管者应该借鉴美国"萨班斯法案"，加强对审计师"跳槽"行为的限制，尤其是审计师到所审客户公司任职。

本书运用中国股票市场2008—2011年间的数据，研究了公司聘用以前的审计师与公司股价同步性间的关系。实证结果表明，高管的CPA工作经验，对公司的信息披露和高质量信息的生产具有帮助作用，从而有利于公司异质性信息的产生，导致了更低的股价同步性。另外，事务所关联削弱了公司的信息质量，这种关联关系不利于公司异质性信息的产生，最终导致了更高的股价同步性。本书的研究证明了高管的CPA工作背景在信息生产中的价值，揭示了事务所关联对信息质量的削弱作用。同时，本书将高管的聘任与股价同步性联系起来，从一个特别的视角发掘了影响中国股价同步性的特殊动因。

本书还检验了关联和非关联审计师高管对公司税负的影响。证据显示，聘任"关联审计师高管"的公司相对于聘任"无关联审计师高管"的公司，存在更高程度的税收管理，这是因为关联审计师高管具备信息优势和有关客户的特有税收知识。同时，在小公司，非国有企业，无机构投资者持股、分析师跟踪少和非国际四大审计的公司，关联审计师高管带来的税收管理作用更强。而在信息不对称程度高的公司中，关联审计师高管由于具备信息优势，公司的税收管理程度也更高。考虑自选择问题后的回归结果进一步笃实了"关联审计师高管"在税收管理上的作用。另外,无关联审计师高管在税收管理上有监督效应。我们的研究一方面揭示了影响公司税收的特殊动因,另一方面也补充了"关联审计师高管"方面的文献,进一步丰富了公司治理方面的文献。结合中国的现实状况以及"关联审计师高管"在税收上形成的影响,建议国家出台相关法律和制度来规范公司聘请"关联审计师高管"。

参考文献

蔡春、黄益建、赵莎：《关于审计质量对盈余管理影响的实证研究》，《审计研究》2005年第2期。

蔡春、鲜文铎：《会计师事务所行业专长与审计质量相关性检验》，《会计研究》2007年第6期。

蔡春、谢柳芳、马可哪呐：《高管审计背景、盈余管理与异常审计收费》，《会计研究》2015年第3期。

陈信元、夏立军：《事务所任期与审计质量：来自中国证券市场的经验证据》，《会计研究》2006年第1期。

方军雄、洪剑峭、李若山：《我国上市公司审计质量影响因素研究：发现和启示》，《审计研究》2004年第6期。

韩洪灵、陈汉文：《中国上市公司初始审计的定价折扣考察》，《会计研究》2007年第9期。

韩厚军、周生春：《中国证券市场会计师报酬研究——上市公司实证数据分析》，《管理世界》2003年第2期。

贾平、陈关亭：《公允价值计量下审计质量的作用研究》，《审计研究》2010年第3期。

李留闯、田高良、马勇、李彬：《连锁董事和股价同步性波动：基于网络视角的考察》，《管理科学》2012年第6期。

李增泉：《实证分析：审计意见的信息含量》，《会计研究》1999年第8期。

李增泉：《所有权结构与股票价格的同步性》，《中国会计与财务研究》2005年第3期。

李增泉、叶青、贺卉：《企业关联、信息透明度与股价特征》，《会计研究》2011年第1期。

刘峰、谢斌、黄宇明：《规模与审计质量：店大欺客与客大欺店——

基于香港市场大陆上市公司的经验数据》,《审计研究》2009年第3期。

刘峰、周福源:《国际四大意味着高审计质量吗》,《会计研究》2007年第3期。

刘慧龙、吴联生:《制度环境、所有权性质与企业实际税率》,《管理世界》2014年第4期。

刘继红:《高管会计师事务所关联、审计任期与审计质量》,《审计研究》2011年第2期。

刘继红:《国有股权、盈余管理与审计意见》,《审计研究》2009年第2期。

刘继红、章丽珠:《高管的审计师工作背景、关联关系与应计、真实盈余管理》,《审计研究》2014年第4期。

刘骏、刘峰:《财政集权、政府控制与企业税负——来自中国的证据》,《会计研究》2014年第1期。

刘力、马贤明:《审计委员会与审计质量——来自中国A股市场的经验证据》,《会计研究》2008年第7期。

刘明辉、胡波:《公司治理、代理成本与审计定价——基于2001—2003年我国A股上市公司的实证研究》,《财经问题研究》2006年第2期。

刘启亮:《事务所任期与审计质量》,《审计研究》2006年第4期。

刘启亮、陈汉文、姚易伟:《客户重要性与审计质量》,《中国会计与财务研究》2006年第4期。

刘启亮、唐建新:《学习效应、私人关系、审计任期与审计质量》,《审计研究》2009年第4期。

刘星、陈丽蓉、刘斌、孙芳城:《非审计服务影响注册会计师独立性吗》,《会计研究》2006年第7期。

罗党论、黄旸杨:《会计师事务所任期会影响审计质量吗——来自中国上市公司的经验证据》,《中国会计评论》2007年第2期。

唐松、胡威、孙铮:《政治关系、制度环境与股票价格的信息含量——来自我国民营上市公司股价同步性的经验证据》,《金融研究》2011年第7期。

唐跃军、李维安、谢仍明:《大股东制衡、信息不对称与外部审计约束》,《审计研究》2006年第5期。

唐跃军、李维安、谢仍明:《大股东制衡机制对审计约束有效性的影响》,《会计研究》2006年第7期。

王兵、辛清泉:《分所审计是否影响审计质量和审计收费》,《审计研究》2010年第2期。

王少飞、孙铮、张旭:《审计意见、制度环境与融资约束——来自我国上市公司的实证分析》,《审计研究》2009年第2期。

王少飞、唐松、李增泉、姜蕾:《盈余管理、事务所客户资源控制权的归属与审计质量——来自中国证券市场的经验证据》,《审计研究》2010年第1期。

王霞、张为国:《财务重述与独立审计质量》,《审计研究》2005年第3期。

王亚平、刘慧龙、吴联生:《信息透明度、机构投资者与股价同步性》,《金融研究》2009年第12期。

王艳艳、陈汉文:《审计质量与会计信息透明度》,《会计研究》2006年第4期。

王艳艳、于李胜:《国有银行贷款与股价同步性》,《会计研究》2013年第7期。

王跃堂、涂建明:《上市公司审计委员会治理有效性的实证研究》,《管理世界》2006年第11期。

王跃堂、赵子夜:《股权结构影响审计意见吗——来自沪深股市的经验证据》,《中国会计与财务研究》2003年第4期。

吴昊旻、王华:《代理冲突及其制度渊源、事务所规模与审计质量》,《审计研究》2010年第5期。

吴联生:《国有股权、税收优惠与公司税负》,《经济研究》2009年第10期。

吴文锋、吴冲锋、芮萌:《中国上市公司高管的政府背景与税收优惠》,《管理世界》2009年第3期。

夏立军、陈信元、方轶强:《事务所任期与审计质量——来自中国证券市场的经验证据》,《中国会计与财务研究》2005年第1期。

夏立军、杨海斌:《注册会计师对上市公司盈余管理的反应》,《审计研究》2002年第4期。

肖作平:《公司治理影响审计质量吗》,《管理世界》2006年第7期。

徐浩萍:《会计盈余管理与独立审计质量》,《会计研究》2004年第

1 期。

许年行、洪涛、吴世农、徐信忠：《信息传递模式、投资者心理偏差与股价"同涨同跌"现象》，《经济研究》2011 年第 4 期。

杨德明、胡婷：《内部控制、盈余管理与审计意见》，《审计研究》2010 年第 5 期。

杨德明、林斌、王彦超：《内部控制、审计质量与大股东资金占用》，《审计研究》2009 年第 5 期。

叶建芳、陈辉发、蒋义宏：《法律渊源、投资者保护与审计质量——来自全球主要股票市场的证据》，《审计研究》2010 年第 4 期。

于鹏：《公司特征、国际"四大"与审计意见》，《审计研究》2007 年第 2 期。

余宇莹、刘启亮：《公司治理系统有助于提高审计质量吗》，《审计研究》2007 年第 5 期。

余玉苗、李琳：《审计师任期与审计质量之间关系的理论分析》，《经济评论》2003 年第 11 期。

原红旗、李海建：《会计师事务所组织形式、规模与审计质量》，《审计研究》2003 年第 1 期。

岳衡：《大股东资金占用与审计师的监督》，《中国会计评论》2006 年第 1 期。

曾亚敏、张俊生：《会计师事务所合并对审计质量的影响》，《审计研究》2010 年第 5 期。

张敏、李伟、张胜：《审计师聘任的实际决策者：股东还是高管》，《审计研究》2010 年第 6 期。

张奇峰：《政府管制提高会计师事务所声誉吗》，《管理世界》2005 年第 12 期。

章永奎、刘峰：《盈余管理与审计意见相关性实证研究》，《中国会计与财务研究》2002 年第 1 期。

Addison. S. and Mueller. F. , "The Dark Side of Professions: The Big Four and Tax Avoidance", *Accounting, Auditing & Accountability Journal*, 2015, 28 (8): 1263–1290.

Alhadab. M., Clacher. I. and Keasey. K., "Effects of Audit Quality on Real and Accrual Earnings Management and Subsequent Return Performance:

Evidence from IPOs", *SSRN eLibrary*, 2013.

Allen. A., Francis. B., Wu. Q. and Zhao. Y., "Monitoring or Pressure: The Impact of Analyst Coverage on Corporate Tax Avoidance", *SSRN eLibrary*, 2014.

Armstrong. C. S., Blouin. J. L. and Larcker. D. F., "The Incentives for Tax Planning", *Journal of Accounting and Economics*, 2012, 53 (1-2): 391-411.

Au. A. and Wong. D, "The Impact of Guanxi on the Ethical Decision-Making Process of Auditors: An Exploratory Study on Chinese CPAs in Hong Kong", *Journal of Business Ethics*, 2000, 28 (1): 87-93.

Baber. W. R., Krishnan. J. and Zhang. Y., "Investor Perceptions of the Earnings Quality Consequences of Hiring an Affiliated Auditor", *Review of Accounting Studies*, 2014, 19 (1): 69-102.

Bamber. L. S., Jiang. J. and Wang. I. Y., "What's My Style? The Influence of Top Managers on Voluntary Corporate Financial Disclosure", *The Accounting Review*, 2010, 85 (4): 1131-1162.

Basioudis. I. G., "Auditor's Engagement Risk and Audit Fees: The Role of Audit Firm Alumni", *Journal of Business Finance & Accounting*, 2007, 34 (9/10): 1393-1422.

Beasley. M. S., Carcello. J. V. and Hermanson. D. R., "Should You Offer a Job to Your External Auditor?", *Journal of Corporate Accounting and Finance*, 2000, 11 (4): 35-42.

Beresford. D. R., Best. L. C., Craig. P. W., Weber J. V. and Whinney. E., "Accounting for Income Taxes: A Review of Alternatives", *Financial Accounting Standards*, 1983.

Bonner. S., Davis. J. and Jackson. B., "Expertise in Corporate Tax Planning: The Issue at the Identification Stage", *Journal of Accounting Research*, 1992, 30 (Supplement): 1-28.

Boycko. M., Shleifer. A. and Vishny. R. W., "A Theory of Privatization", *Economic Journal*, 1996, 106 (435): 309-319.

Bradshaw. M. T., Liao. G. and Ma. M., "Ownership Structure and Tax Avoidance: Evidence from Agency Costs of State Ownership in China", *SSRN eLibrary*, 2013.

Brochet. F. and Welch. K., "Top Executive Background and Financial Reporting Choice: The Case of Goodwill Impairment", *SSRN eLibrary*, 2011.

Brown. J., "The Spread of Aggressive Corporate Tax Reporting: A Detailed Examination of the Corporate-Owned Life Insurance Shelter", *The Accounting Review*, 2011, 86 (1): 23-57.

Brown. J. L. and Drake. K. D., "Network Ties Among Low-Tax Firms", *The Accounting Review*, 2014, 89 (2): 483-510.

Catanach. A. H. and Walker. P. L., "The International Debate over Mandatory Auditor Rotation: A Conceptual Research Framework", *International Accounting, Auditing & Taxation*, 1999, 8 (1): 43-66.

Chan. K. and Hameed. A., "Stock Price Synchronicity and Analyst Coverage in Emerging Markets", *Journal of Financial Economics*, 2006, 80 (1): 115-147.

Chan. P., Ezzamel. M. and Gwilliam D., "Determinants of Audit Fees for Quoted UK Companies", *Journal of Business Finance and Accounting*, 1993, 20 (6): 765-786.

Chen. C. J. P., Chen. S. and Su. X., "Profitability Regulation, Earnings Management and Modified Audit Opinions: Evidence from China", *Auditing: A Journal of Practice and Theory*, 2001, 20 (2): 10-22.

Cheng. C. S. A., Huang. H. H., Li. Y. and Stanfield. J., "The Effect of Hedge Fund Activism on Corporate Tax Avoidance", *The Accounting Review*, 2012, 87 (5): 1493-1526.

Chen. C. J. P., Su. X. and Zhao. R., "An Emerging Market's Reaction to Initial Modified Audit Opinions: Evidence from the Shanghai Stock Exchange", *Contemporary Accounting Research*, 2000, 17 (3): 429-455.

Chen. S., Chen. X., Cheng. Q. and Shevlin. T., "Are Family Firms More Tax Aggressive than Non-Family Firms?", *Journal of Financial Economics*, 2010, 95 (1): 41-61.

Chi. W., Ling. L. L. and Pevzner. M., "Is Enhanced with Greater Real Earnings Management?", *Accounting Horizons*, 2011, 25 (2): 315-335.

Christensen. D. M., Dhaliwal. D. A. N. S., Boivie. S. and Graffin. S. D., "Top Management Conservatism and Corporate Risk Strategies: Evidence from Managers' Personal Political Orientation and Corporate Tax Avoidance", *Strategic Management Journal*, 2015, 36: 1918-1938.

Chyz. J. A., "Personally Tax Aggressive Executives and Corporate Tax Sheltering", *Journal of Accounting and Economics*, 2013, 56 (2-3): 311-328.

Clatworthy. M., Melleit. H. and Peel. M., "The Market for External Audit Services in the Public Sector: An Empirical Analysis of NHS Trusts", *Journal of Business Finance and Accounting*, 2002, 29 (9): 1399-1440.

Clikeman. P. M., "Close Revolving Door Between Auditors and Clients", *Accounting Today*, 1996, 118 (10): 20.

Cohen. D. A., Dey. A. andLys. T. Z., "Real and Accrual-Based Earnings Management in the Pre-and Post-Sarbanes-Oxley Periods", *The Accounting Review*, 2008, 83 (3): 757-787.

Cohen. D. A. and Zarowin. P., "Accrual-based and Real Earnings Management Activities around Seasoned Equity Offerings", *Journal of Accounting and Economics*, 2010, 50 (1): 2-19.

Craswell. A. T. and Francis. J. R., "Pricing Initial Audit Engagements: A Test of Competing Theories", *The Accounting Review*, 1999, 74 (2): 201-216.

Dart. E., and Chandler. R., "Client Employment of Previous Auditors: Shareholders' Views on Auditor Independence", *Accounting and Business Research*, 2013, 43 (3): 205-224.

De Simone. L., Ege. M. S. and Stomberg. B., "Internal control quality: The Role of Auditor-Provided Tax Services", *The Accounting Review*, 2015, 90 (4): 1469-1496.

DeAngelo. L. E., "Auditor Independence, 'low balling', and Disclosure Regulations", *Journal of Accounting and Economics*, 1981, 3 (2): 113-127.

DeAngelo. L. E., "Auditor Size and Audit Quality", *Journal of Accounting and Economics*, 1981, 3 (3): 183-199.

Dechow. P. M., Sloan. R. G. and Sweeney. A. P., "Detecting Earnings Management", *The Accounting Review*, 1995, 70 (2): 193-225.

DeFond.M.L., Raghunandan. K. and Subramanyam. K. R., "Do Non-Audit Service Fees Impair Auditor Independence? Evidence from Going Concern Audit Opinions", *Journal of Accounting Research*, 2002, 40 (4): 1247-1274.

DeFond. M. L., Hann. R. N. and Hu. X., "Does the Market Value

Financial Expertise on Audit Committees of Boards of Directors?", *Journal of Accounting Research*, 2005, 43 (2): 153-193.

DeFond. M. L., Wong. T. J. and Li. S., "The Impact of Improved Auditor Independence on Audit Market Concentration in China", *Journal of Accounting and Economics*, 2000, 28 (3): 269-305.

Desai. M. A. and Dharmapala. D., "Corporate Tax Avoidance and High-Powered Incentives", *Journal of Financial Economics*, 2006, 79 (1): 145-179.

Dhaliwal. D., Gleason. C. and Mills. L., "Last-Chance Earnings Management: Using the Tax Expense to Meet Analysts' Forecasts", *Contemporary Accounting Research*, 2004, 21 (2): 431-459.

Dhaliwal. D. A. N., Naiker. V. I. C. and Navissi. F., "The Association between Accruals Quality and the Characteristics of Accounting Experts and Mix of Expertise on Audit Committees", *Contemporary Accounting Research*, 2010, 27 (3): 787-827.

Donohoe. M. P. and Knechel. R. W., "Does Corporate Tax Aggressiveness Influence Audit Pricing?", *Contemporary Accounting Research*, 2014, 31 (1): 284-308.

Dowdell. T. D. and Krishnan. J., "Former Audit Firm Personnel as CFOs: Effect on Earnings Management", *Canadian Accounting Perspectives*, 2004, 3 (1): 117-142.

Dunfee. T. W. and Warren. D. E., "Is Guanxi Ethical? A Normative Analysis of Doing Business in China", *Journal of Business Ethics*, 2001, 32 (8): 191-204.

Durnev. A., Morck. R., Yeung. B. and Zarowin. P., "Does Greater Firm-Specific Return Variation Mean More or Less Informed Stock Pricing?", *Journal of Accounting Research*, 2003, 41 (5): 797-836.

Dye. R., "Informationally Motivated Auditor Replacement", *Journal of Accounting and Economics*, 1991, 14 (4): 347-374.

Dyreng. S. D., Hanlon. M. and Maydew. E. L., "The Effects of Executives on Corporate Tax Avoidance", *The Accounting Review*, 2010, 85 (4): 1163-1189.

Ewert. R. and Wagenhofer. A., "Economic Effects of Tightening Accounting Standards to Restrict Earnings Management", *The Accounting Review*, 2005,

80 (4): 1101-1124.

Fan. Y., "Questioning Guanxi: Definition, Classification and Implications", *International Business Review*, 2002, 11 (5), 543-561.

Farber. D. B., "Restoring Trust after Fraud: Does Corporate Governance Matter?", *The Accounting Review*, 2005, 80 (2): 539-561.

Ferguson. A., Francis. J., and Stokes. D., "The Effects of Firm-Wide and Office-Level Industry Expertise on Audit Pricing", *The Accounting Review*, 2003, 78 (2): 429-448.

Fields. T. D., Lys. T. Z. and Vincent. L., "Empirical Research on Accounting Choice", *Journal of Accounting and Economics*, 2001, 31 (1): 255-307.

Firth. M., Fung. P. M. Y. and Rui. O. M., "Ownership, Two-Tier Board Structure, and the Informativeness of Earnings: Evidence from China", *Journal of Accounting and Public Policy*, 2007, 26 (4): 463-496.

Firth. M., "Auditor-client Relationships and Their Impact on Bankers' Perceived Lending Decisions", *Accounting and Business Research*, 1981, 11 (43): 179-188.

Firth. M., "The Provision of Non-audit Services and the Pricing of Audit Fees", *Journal of Business Finance and Accounting*, 1997, 24 (3): 551-525.

Fock. K. Y. and Woo. K., "The China Market: Strategic Implications of Guanxi", *Business Strategy Review*, 1998, 9 (3): 33-44.

Francis. B. B., Hasan. I., and Sun. X., "CEO Political Affiliation and Firms' Tax Avoidance", *SSRN eLibrary*, 2012.

Francis. B. B., Hasan. I., Wu. Q. and Yan. M., "Are Female CFOs Less Tax Aggressive? Evidence from Tax Aggressiveness", *The Journal of the American Taxation Association*, 2014, 36 (2): 171-202.

Francis. J. R. and Simon. D. T., "A Test of Audit Pricing in the Small-Client Segment of the U. S. Audit Market", *The Accounting Review*, 1987, 62 (1): 145-157.

Frank. M. M., Lynch. L. J. and Rego. S. O., "Tax Reporting Aggressiveness to Aggressive and Its Relation Financial Reporting", *The Accounting Review*,

2009, 84 (2): 467-496.

Gaertner. F. B., "CEO After-Tax Compensation Incentives and Corporate Tax Avoidance", *Contemporary Accounting Research*, 2014, 31 (4): 1077-1102.

Gallemore. J. and Labro. E., "The Importance of the Internal Information Environment for Tax Avoidance", *Journal of Accounting and Economics*, 2015, 60 (1): 149-167.

Geiger. M. A., Lennox. C. S. and North. D. S., "The Hiring of Accounting and Finance Officers from Audit Firms: How Did the Market React?", *Review of Accounting Studies*, 2008, 13 (1): 55-86.

Geiger. M. A., North. D. S. and O'Connell. B. T., "The Auditor-to-Client Revolving Door and Earnings Management", *Journal of Accounting, Auditing and Finance*, 2005, 20 (1): 1-26.

Geiger. M. A. and North. D. S., "Does Hiring a New CFO Change Things? An Investigation of Changes in Discretionary Accruals", *The Accounting Review*, 2006, 81 (4): 781-809.

Geiger. M. A. and Raghunandan. K., "Auditor Tenure and Audit Reporting Failures", *Auditing: A Journal of Practice and Theory*, 2002, 21 (1): 67-78.

Ghosh. A. and Lustgarten S., "Pricing of Initial Audit Engagements by Large and Small Audit Firms", *Contemporary Accounting Research*, 2006, 23 (2): 333-368.

Ghosh. A. and Moon. D., "Auditor Tenure and Perceptions of Audit Quality", *The Accounting Review*, 2005, 80 (2): 585-612.

Goh. B. W., Lim. C. Y., Shevlin. T. J. and Zang. Y., "Tax Aggressiveness and Auditor Resignation", *SSRN eLibrary*, 2013.

Gold. T. B., "After Comradeship: Personal Relations in China Since the Cultural Revolution", *The China Quarterly*, 1985, 104 (4): 657-675.

Gourevitch. P. A. and Shinn. J. J., *Political Power and Corporate Control: The New Global Politics of Corporate Governance*, Princeton University Press, Princeton, 2005.

Graham. J. R., Hanlon. M., Shevlin. T. and Shroff. N., "Incentives for Tax Planning and Avoidance: Evidence from the field", *The Accounting Review*, 2014, 89 (3): 991-1023.

Graham. J. R., Raedy. J. S. and Shackelford. D. A., "Research in Accounting for Income Taxes", *Journal of Accounting and Economics*, 2012, 53 (1-2): 412-434.

Graham. J. R., Harvey. C. R. and Rajgopal. S., "The Economic Implications of Corporate Financial Reporting", *Journal of Accounting and Economics*, 2005, 40 (1): 3-73.

Green. S. and House. C., *The Privatization Two-Step at China's Listed Firms*, Working Paper, Chat-ham House, London, 2004.

Guenther. D. A., "Measuring Corporate Tax Avoidance: Effective Tax Rates and Book-Tax Differences", *SSRN eLibrary*, 2014.

Gul. F. A., Kim. J. and Qiu. A. A., "Ownership Concentration, Foreign Shareholding, Audit Quality, and Stock Price Synchronicity: Evidence from China", *Journal of Financial Economics*, 2010, 95 (3): 425-442.

Gul. F. A., Ng. A. Y. and Tong. M., "Chinese Auditors' Ethical Behavior in an Audit Conflict Situation", *Journal of Business Ethics*, 2003, 42 (4): 379-392.

Gul. F. A., Sami. H. and Zhou. H., "Auditor Disaffiliation Program in China and Auditor Independence", *Auditing: A Journal of Practice and Theory*, 2009, 28 (1): 29-51.

Gunny. K. A., "The Relation Between Earnings Management Using Real Activities Manipulation and Future Performance: Evidence from Meeting Earnings Benchmarks", *Contemporary Accounting Research*, 2010, 27 (3): 855-888.

Hambrick. D., "Upper Echelons Theory: An Update", *Academy of Management Review*, 2007, 32 (2): 334-343.

Hambrick. D. C., and Mason. P. A., "Upper echelons: The organization as a reflection of its top managers", *Academy of Management Review*, 1984, 9 (2): 193-206.

Hanlon. M. and Heitzman. S., "A Review of Tax Research", *Journal of Accounting and Economics*, 2010, 50 (2-3): 127-178.

Han. D., "Ownership Structure, Corporate Governance and the Supervision of External Auditors: Evidence from Chinese Listed Companies", *Auditing Research*, 2008, 134 (2): 55-64 (in Chinese).

Haw. I. G., Park. K., Qi. D. and Wu. W., "Audit Qualification and Timing of Earnings Announcements: Evidence from China", *Auditing: A Journal of Practice and Theory*, 2003, 22 (2): 121-146.

Hsu. P. H., Moore. J. A. and Neubaum. D. O., "Tax Avoidance, Financial Experts on the Board, and Tax Avoidance", *SSRN eLibrary*, 2014.

Hui. C. and Graen. G., "Guanxi and Professional Leadership in Contemporary Sino-American Joint Ventures in Mainland China", *Leadership Quarterly*, 1997, 8 (4): 451-465.

Hutton. A. P., Marcus. A. J. and Tehranian. H., "Opaque Financial Reports, R^2, and Crash Risk", *The Journal of Finance*, 2009, 94 (1): 67-86.

Hwang. D. B., Golemon. P. L., Chen. Y., Wang. T. and Hung. W., "Guanxi and Business Ethics in Confucian Society Today: An Empirical Case Study in Taiwan", *Journal of Business Ethics*, 2009, 89 (2): 235-250.

Imhoff. E. A., "Employment Effects on Auditor Independence", *The Accounting Review*, 1978, 53 (4): 869-881.

Independence Standards Board (ISB): A Conceptual Framework for Auditor Independence, Exposure Draft on Statement of Independence Concepts (ISB, New York), 2000a.

Independence Standards Board (ISB): Discussion Memorandum Employment with Audit Clients, New York: Independence Standards Board, 1999.

Independence Standards Board (ISB): Independence Standard No. 3 Employment with Audit Clients, New York: Independence Standards Board, 2000b.

Iyer. V. M., and Raghunandan. K., "Auditors' Employment with Clients and Interaction with Their Former CPA Firm", *Journal of Management Issues*, 2002, 14 (4): 486-499.

Iyer. V. M., Bamber. E. M., and Barefield. R. M., "Identification of Accounting Firm Alumni with Their Former Firm: Antecedents and Outcomes", *Accounting, Organizations and Society*, 1997, 22 (3/4): 315-336.

Jacobs. J. B., "A Preliminary Model of Particularistic Ties in Chinese Political Alliances, Kan-ching and Kuan-hsi in a Rural Taiwanese Township", *The

China Quarterly, 1979, 78 (6): 237-273.

Jacobs. J. B., "The Concept of Guanxi and Local Politics in a Rural Chinese Cultural Setting", in S. L. Greenblatt, R. W. Wilson and A. Auerbacher Wilson (eds.), *Social Interaction in Chinese Society* (Praeger, New York), 1982.

Jin. L. and Myers. S., "R^2 around the World: New Theory and New Tests", *Journal of Financial Economics*, 2006, 79 (2): 257-292.

Johnson. V. E., Khurana. I. K. and Reynolds. J. K., "Audit-firm Tenure and the Quality of Financial Reports", *Contemporary Accounting Research*, 2002, 19 (4): 637-660.

Kaplan. S. E. and Whitecotton. S. M., "An Examination of Auditor's Reporting Intentions When Another Auditor Is Offered Client Employment", *Auditing: A Journal of Practice & Theory*, 2001, 20 (3): 45-63.

Khurana. I. K. and Moser. W. J., "Institutional Ownership and Tax Aggressiveness", *SSRN eLibrary*, 2009.

Khurana. I. K. and Moser. W. J., "Institutional Shareholders' Investment Horizons and Corporate Tax Avoidance", *The Journal of the American Taxation Association*, 2013, 35 (1): 111-134.

Kim. C. and Zhang. L., "Corporate Political Connections and Tax Aggressiveness", *Contemporary Accounting Research*, 2016, 33 (1): 78-114.

Kim. O. and Verrecchia. R., "Market Liquidity and Volume around Earnings Announcements", *Journal of Accounting and Economics*, 1994, 17 (1/2): 41-67.

Kim. O. and Verrecchia. R., "Pre-Announcement and Event-Period Private Information", *Journal of Accounting and Economics*, 1997, 24 (3): 395-419.

Kinney. W., Palmrose. Jr. Z. V. and Scholz. S., "Auditor Independence, Nonaudit Services, and Restatements: Was the U. S. Government Right?" *Journal of Accounting Research*, 2004, 42 (3): 561-588.

Klassen. K. J., Lisowsky. P. and Mescall. D., "The Role of Auditors, Non-Auditors, and Internal Tax Departments in Corporate Tax Aggressiveness", *The Accounting Review*, 2016, 91 (1): 179-205.

Koh. H. C. and Mahathevan. P., "The Effects of Client Employment on Auditor Independence", *British Accounting Review*, 1993, 25 (3), 227-242.

Kornai. J., "The Evolution of Financial Discipline under the Postsocialist System", *Kyklos*, 1993, 46 (3): 315-336.

Kothari. S. P., Mizik. N. and Roychowdhury. S., " Managing for the Moment: the Role of Real Activity Versus Accruals Earnings Management in SEO Valuation", *SSRN eLibrary*, 2012.

Krishnan. G. V. and Visvanathan. G., "Does the SOX Definition of an Accounting Expert Matter? The Association between Audit Committee Directors' Accounting Expertise and Accounting Conservatism", *Contemporary Accounting Research*, 2008, 25 (3): 827-857.

Lanis. R. and Richardson. G., "The Effect of Board of Director Composition on Corporate Tax Aggressiveness", *Journal of Accounting and Public Policy*, 2011, 30 (1): 50-70.

Law. K., and Mills. L. F., "Military Experience and Corporate Tax Avoidance", *Review of Accounting Studies*, 2016, Forthcoming.

Lennox. C. S., and Park. C. W., "Audit Firm Appointments, Audit Firm Alumni, and Audit Committee Independence", *Contemporary Accounting Research*, 2007, 24 (1): 235-258.

Lennox. C. S., "Audit Quality and Executive Officers' Affiliations with CPA firms", *Journal of Accounting and Economics*, 2005, 39 (2): 201-231.

Lennox. C. S., "Do Companies Successfully Engage in Opinion-shopping? Evidence from the UK", *Journal of Accounting & Economics*, 2000, 29 (7): 321-337.

Liao. Y. and Wang. Y., "Block Shareholders Controlling, Political Connections, and Auditor Independence", *Economic Review*, 2008, 19 (5): 86-93 (in Chinese).

Lin. Y., " Beyond Dyadic Social Exchange: Guanxi and Third-Party Effects", in T. Gold, D. Guthrie and D. Wank (eds.), *Social Connection in China: Institutions, Culture, and the Changing Nature of Guanxi* (Cambridge University Press, Cambridge), 2008.

Liu J., "The Study on Audit Pricing: New Evidence from China", *International Journal of Services Economics and Management*, 2007, 1 (1): 36-54.

Liu. J., Wang. Y. and Wu. L., "The Effect of Guanxi on Audit Quality in

China", *Journal of Business Ethics*, 2011, 103 (4): 621-638.

Liu. J., "Audit Fee and Top Management's Affiliations with CPA Firms", *China-Australia International Conference on Accounting and Finance*, 2011.

Li. H. and Zhou. L. A., "Political Turnover and Economic Performance: The Incentive Role of Personnel Control in China", *Journal of Public Economics*, 2005, 89 (2005): 1743-1762.

Li. J. S., "Relation-Based Versus Rule-Based Governance: An Explanation of the East Asian Miracle and Asian Crisis", *Review of International Economics*, 2003, 11 (4): 651-673.

Li. O. Z., Liu. H. and Ni. C., "Controlling Shareholders' Incentive and Corporate Tax Avoidance - A Natural Experiment in China", *SSRN eLibrary*, 2014.

Li. S. and Filer. L., "The Effects of the Governance Environment on the Choice of Investment Mode and the Strategic Implications", *Journal of World Business*, 2007, 42 (1): 80-98.

Luo. Y., Guanxi and Business (World Scientific, Singapore), 2000.

Mansi. S. A., Maxwell. W. E. and Miller. D. P., "Does Auditor Quality and Tenure Matter to Investors? -Evidence from the Bond Market", *The Journal of Accounting Research*, 2004, 42 (9): 755-793.

Manzon. G. and Plesko. G., "The Relation between Financial and Tax Reporting Measures of Income", *Tax Law Review*, 2002, 55: 175-214.

Martinov-Bennie. N., Cohen. J. and Simnett. R., "Impact of the CFO's affiliation on Auditor Independence", *Managerial Auditing Journal*, 2011, 26 (8): 656-671.

Matthews. D. and Peel. M. J., "Audit Fee Determinants and the Large Auditor Premium in 1900", *Accounting and Business Research*, 2003, 33 (2): 137-155.

Maydew. E. and Shackelford. D., "The Changing Role of Auditors in Corporate Tax Planning", *In Taxing Corporate Income in the 21st Century*, Cambridge University Press, Cambridge, U. K., 2007: 307-337.

Maydew. E. L., "Empirical Tax Research in Accounting: A Discussion", *Journal of Accounting and Economics*, 2001, 31 (1): 389-403.

McGuire. S. T., Omer. T. C. and Wang. D., "Tax Avoidance: Does Tax-Specific Industry Expertise Make a Difference?", *The Accounting Review*, 2012, 87 (3): 975-1003.

Menon. K. and Williams. D. D., "Former Audit Partners and Abnormal Accruals", *The Accounting Review*, 2004, 79 (4): 1095-1118.

Molz. R. and Wang. X., "Chinese Guanxi as Network Building: The Emergence of the New Institution Environment in China", *Global Business and Economics Review*, 2006, 8 (1/2): 44-59.

Morck. R., Yeung. B. and Yu. W., "The Information Content of Stock Markets: Why do Emerging Markets have Synchronous Stock Price Movements?", *Journal of Financial Economics*, 2000, 58 (1): 215-260.

Myers. J. N., Myers. L. A. and Omer. T. C., "Exploring the Term of the Auditor-Client Relationship and the Quality of Earnings: A Case for Mandatory Auditor Rotation?", *The Accounting Review*, 2003, 78 (3): 779-799.

Naiker. V., Sharma. D. S. and Sharma. V. D., "Do Former Audit Firm Partners on Audit Committees Procure Greater Nonaudit Services from the Auditor?", *The Accounting Review*, 2013, 88 (1): 297-326.

Naiker. V. and Sharma. D. S., "Former Audit Partners on the Audit Committee and Internal Control Deficiencies", *The Accounting Review*, 2009, 84 (2): 559-587.

Olsen. K. J. and Stekelberg. J., "CEO Narcissism and Corporate Tax Sheltering", *The Journal of the American Taxation Association*, 2015, 38 (1): 1-22.

Palmrose. Z., "Audit fees and Auditor Size: Further evidence", *Journal of Accounting Research*, 1986, 24 (1): 97-110.

Parlin. J. C. and Bartlett. R. W., "Prior Employment Effects and Independence in Fact", *Business and Professional Ethics Journal*, 1994, 13 (1/2): 185-202.

Peel. M. J. and Roberts. R., "Audit Fee Determinants and Auditor Premiums: Evidence from the Micro-firm Sub-market", *Accounting and Business Research*, 2003, 33 (3): 207-233.

Phillips. J. D., "Corporate Tax-Planning Effectiveness: The Role of Compensation-Based Incentives", *The Accounting Review*, 2003, 78 (3): 847-874.

Pong. C. and Whittington. G., "The Determinants of Audit Fees: Some Empirical Models", *Journal of Business Finance and Accounting*, 1994, 21 (8): 1071-1095.

Pérez-cavazos. G. and Silva. A. M., "Tax-minded Executives and Corporate Tax Strategies: Evidence from the 2013 Tax Hikes", *SSRN eLibrary*, 2015.

Qian. Y., "A Theory of Shortage in Socialist Economies Based on the Soft Budget Constraint", *American Economic Review*, 1994, 84 (1): 145-156.

Qian. Y., "Enterprise Governance Structure and Financial Reform", *Economic Research Journal*, 1995, 135 (1): 20-29 (in Chinese).

Richardson. G., Taylor. G. and Lanis. R., "The Impact of Board of Director Oversight Characteristics on Corporate Tax Aggressiveness: An Empirical Analysis", *Journal of Accounting and Public Policy*, 2013, 32 (3): 68-88.

Robinson. J., Sikes. S. and Weaver. C., "Performance Measurement of Corporate Tax Departments", *The Accounting Review*, 2010, 85 (3): 1035-1064.

Robinson. J. R., Xue. Y. and Zhang. M. H., "Tax Planning and Financial Expertise in the Audit Committee", *SSRN eLibrary*, 2012.

Roychowdhury. S., "Earnings Management through Real Activities Manipulation", *Journal of Accounting and Economics*, 2006, 42 (3): 355-370.

Schleifer. I. F. and Shockley. R. A., "Policies to Promote Auditor Independence: More Evidence on the Perception Gap", *Journal of Applied Business Research*, 1990, 62 (2): 10-17.

Scholes. M., Wilson. G. and Wolfson. M., "Firms' Responses to Anticipated Reductions in Tax Rates: The Tax Reform Act of 1986", *Journal of Accounting Research*, 1992, 30 (Supplement): 161-185.

Scholes. M. S., Wolfson. M. A., Erickson. M., Maydew. E. L. and Shevlin. T., *Taxes and Business Strategy: A Planning Approach*, Prentice-Hall, Inc., Upper Saddle River, NJ, 2005.

Shackelford. D., Slemrod. J. and Sallee. J., *A Unifying Model of How the Tax System and Accounting Rules Affect Corporate Behavior*, Working paper, University of Michigan, 2011.

Shackelford. D. A. and Shevlin. T., "Empirical Tax Research in Accounting", *Journal of Accounting and Economics*, 2001, 31: 321-387.

Simon. D. T. and Francis. J. R., "The Effect of Auditor Change on Audit Fees: Tests of Price Cutting and Price Recovery", *The Accounting Review*, 1988, 63 (2): 255-269.

Simunic. D., "Auditing, Consulting, and Auditor Independence", *Journal of Accounting Research*, 1984, 22 (2): 679-702.

Simunic. D. A., "The Pricing of Audit Services: Theory and Evidence", *Journal of Accounting Research*, 1980, 18 (1): 161-190.

Solomon. I., Shields. M. and Whittington. O., "What do Industry - Specialist Auditors Know?", *Journal of Accounting Research*, 1999, 37 (1): 191-208.

Sue-Chan. C. and Dasborough. M. T., "The Influence of Relation-Based and Rule-Based Regulations on Hiring Decisions in the Australian and Hong Kong Chinese Cultural Contexts", *International Journal of Human Resource Management*, 2006, 17 (7): 1267-1292.

Ting. W., Yen. S. and Chiu. C., "The Influence of Qualified Foreign Institutional Investors on the Association Between Default Risk and Audit Opinions: Evidence from the Chinese Stock Market", *Corporate Governance: An International Review*, 2008, 16 (5): 400-415.

Tsang. W. K., "Can Guanxi be a Source of Sustained Competitive Advantages for Doing Business in China", *The Academy of Management Executive*, 1998, 12 (2): 64-73.

Uzzi. B., "Embeddedness and Economic Performance: The Network Effect", *American Sociological Review*, 1996, 61: 674-698.

Walder. A., *Communist Neo-Traditional*, (University of California Press, Berkeley, CA), 1986.

Wang. Q., Wong. T. J. and Xia. L., "State Ownership, the Institutional Environment, and Auditor Choice: Evidence from China", *Journal of Accounting and Economics*, 2008, 46 (1): 112-134.

Wang. Y. and Zhao. Z., "Does Ownership Structure Affect the Issuance of Audit Opinions: Empirical Evidence from Chinese Stock Market", *China Accounting and Finance Review*, 2003, 14 (4): 24-50.

Watts. R. L. and Zimmerman. J. L., *Positive Accounting Theory*, Englewood Cliffs, Prentice Hall, NJ, 1986.

Wongsunwai. W., "The Effect of External Monitoring on Accrual-Based and Real Earnings Management: Evidence from Venture-Backed Initial Public Offerings", *Contemporary Accounting Research*, 2013, 30 (1): 296-324.

Xie. B., Davidson III. W. N. and DaDalt. P. J., "Earnings Management and Corporate Governance: the Role of the Board and the Audit Committee", *Journal of Corporate Finance*, 2003, 9 (3): 295-316.

Xin. K. R. and Pearce. J. L., "Guanxi: Connections as Substitutes for Formal Institutional Support", *Academy of Management Journal*, 1996, 39 (6): 1641-1658.

Yang. M. M., *Gifts, Favors, and Banquets: The Art of Social Relationships in China* (Cornell University Press, Ithaca, New York), 1994.

Zang. A. Y., "Evidence on the Trade-Off between Real Activities Manipulation and Accrual-Based Earnings Management", *The Accounting Review*, 2012, 87 (2): 675-703.

Zhang. Y., Zhou. J. and Zhou. N., "Audit Committee Quality, Auditor Independence, and Internal Control Weaknesses", *Journal of Accounting and Public Policy*, 2007, 26: 300-327.